새처럼
자유롭게
하늘처럼
높게

허봉조 칼럼집

새처럼 자유롭게 하늘처럼 높게

인쇄| 2016년 12월 20일
발행| 2016년 12월 25일

글쓴이| 허봉조
펴낸이| 장호병
펴낸곳| 북랜드
서울 강남구 강남대로 320 황하빌딩 1108호
대표전화 (02) 732-4574 | (053) 252-9114
팩시밀리 (02) 734-4574 | (053) 252-9334

등록일| 1999년 11월 11일
등록번호| 제13-615호
홈페이지| www.bookland.co.kr
이-메일| bookland@hanmail.net

책임편집| 김인옥
영　업| 최성진

ISBN 978-89-7787-684-2 03810
값 10,000 원

허봉조 칼럼집

새처럼 자유롭게 하늘처럼 높게

북랜드

머리말

공직을 떠나며

때로는 느긋하게, 때로는 치열하게.

26년 10개월이라는, 짧지 않은 시간을 보냈던 공직을 떠나야할 시간이 왔다. 기억의 창고에는 어둡고 불편했던 회한의 그림자는 비누거품처럼 사라지고, 즐겁고 행복했던 기억만이 진득하게 남아 있다.

세 번째 책을 엮는다. 최근 2년에 걸쳐 발표했던 칼럼 50여 편에 지난 삶을 되돌아보는 짧은 회고의 글을 부록으로 싣는다. 많은 시간 함께했던 상사와 동료, 후배들에게 지워지지 않을 추억을 전하고 싶은 까닭이다.

새로 맞이할 시간을 어떻게 보낼 것인지에 대해 성급하게 고민을 하지 않으려 한다.

인생은 바람과 같아서 하루하루 달라지는 변화의 물결에 따를 것이며, 재능을 기부할 수 있다면 정성을 다해 참여할 것이다. 그리고 '새처럼 자유롭게 하늘처럼 높게' 스스로 즐길 수 있는 소일거리를 찾아 많은 시간을 할애할 것이다.

거듭 강조하지만, 그동안 참 즐거웠고 행복했다. 누군가 묻는다면 그렇게 말할 것이다. 내 삶의 황금기는 공직생활 속에 녹아있다고. 공직을 통해 터득한 도전과 인내가 앞으로 나아갈 길에 빛을 밝혀 주리라 믿는다.

건강하시기를 그리고 더 많이 웃으시기를…….

2016년 12월 허봉조

차례

봄이 오는 길목에서

현실 같은 영화, 영화 같은 현실

마음을 읽어주는 사회

봄이
오는
길목에서

서울역 화장실에서

중요한 약속을 눈앞에 두고, 마법 같은 열쇠를 잃어버렸다면 얼마나 황당할까. 또 그 뒷수습은 어떻게 해야 할까.

한해를 마무리하는 연말, 행사 참석을 위해 서울을 다녀왔다. 12월 이후 계속 몰아치던 매서운 한파로 얼어붙었던 눈이, 영상의 기온을 되찾으면서 빗물처럼 도로를 적시던 오후였다.

열차를 기다리는 동안 정해진 수순처럼 화장실을 들렀다. 여자 화장실로 들어가는 입구에 장애인 화장실이 따로 설치되어 있는 것이 보였고, 그 앞에서 이상한 광경이 벌어지고 있었다. 얼굴을 붉히며, 몸 둘 바를 모르고 우왕좌왕하는 남자가 있었기 때문이다. 어찌하여 여자 화장실 앞에서 남자가 저렇게 발을 구르고 있을까 싶어 고개를 갸웃거렸다.

가까이서 보니, 커다란 여행 가방을 들고 있는 중년의 남자는 몹시 다급한 표정으로 화장실 출입문을 두드리고 있었다. 연신 시계를 들여다보며 소리를 질러보기도 했다. 빨리, 문을 열고 나오라고. 그러나 안쪽에서는 아무 기척이 없었다. 무슨 문제가 생겼는지, 도무지 문이 열리지 않는 것이었다. 어쩌면, 몸이 불편하여 스스로 문을 열 수 없는 지도 모른다. 또는 닫지 말아야 할 문이 굳게 닫혀버려, 꿈쩍도 하지 않는 사태가 발생한 것인지도 모른다. 장애인 화장실이 아닌가.

서울역에서 공공근로로 근무하는 듯 보이는 푸른색 상의를 착용한 남녀가 번갈아 다녀갔지만, 속수무책. 밖에서는 문을 열 방법이 없다며, 난감한 얼굴로 고개를 젓기만 할 뿐이었다.

열차 시간은 가까웠는데, 화장실로 들어간 아내가 나오지 못하고 있다. 열리지 않는 문 앞에서, 누군들 마음이 조급하지 않을까. 남의 일 같지가 않았다. 혹시 장애를 가진 아내가 두려움에 정신을 잃기라도 하면 더욱 큰일이 아닌가. 주변에서 지켜보는 사람들도 답답하기는 매한가지였다. 안타까운 생각에 자꾸 돌아보면서도, 떨어지지 않는 발길을 옮겨놓을 수밖에.

열차를 타고 내려오는 내내, 그 일로 심기가 불편했다. 몸이 가볍고, 경우에 따라 시간을 활용할 수도 있는 내가, 아무런 도움을 주지 못하고 자리를 떴다는 사실이 못내 미안하고 부끄러움이 앞섰다. 직접 문을 열어주지는 못하더라도, 시설을 관리하는 부서나 응급조치를 위해 연락을 해줄 수는 있었을 것을.

이 기회에, 관련 기관에 제안이라도 해야겠다. 공중화장실의 외부에서도 비상시에 문을 열 수 있는 장치를 마련해야 할 것이라고.

장애가 없는 사람이라도 그런 경우가 전혀 없다고 보기는 어려울 것이다. 일을 보던 중 갑작스레 현기증을 일으키거나, 문고리에 이상이 생겨 열 수 없는 사태가 발생했다고 상상을 해보자. 누구든 당황하지 않을 수 있을까. 하물며, 말을 하지 못하거나 몸에 장애를 가진 사람이라면 문제는 더욱 심각해진다.

비상상황을 밖에서도 알아볼 수 있는 간단한 장치라도 준비되면 좋겠다. 특정한 소리나 신호로 알리거나 비상벨이라도 있다면, 지나가던 사람 누구나 알아채고 도움을 줄 수 있을 텐데. 밖에서도 닫힌 문을 열 수 있는 안전장치가 필요한 것은 가정이나 학교, 직장, 공공기관 등에서도 마찬가지가 아닐까. 연로하신 부모님 또는 치매를 앓고 있거나 신체에 장애를 가진 가족이 있다면, 더욱 유용할 것 같다.

굳이 두 달 전의, 판교 테크노벨리 사례를 예로 들지 않아도 될 것이다. 손을 써볼 겨를도 없이 순식간에 많은 인명피해를 내고 말았던 사고현장. 안전사고는, 늘 그렇게 생각지도 못했던 곳에서 어이없이 일어나고 있다.

해가 바뀌고, 마음은 더욱 분주하다. 새로운 희망과 계획으로 들뜨기 쉬운 때. 사람이 있는 곳이면 어디든지, 안전사고가 함께 도사리고 있다는 사실을 명심하자. 작고 사소한 일에서부터 안전을 지키는 환경을 생활화하는 것이야말로, 기본을 중시하는 든든한 버팀목이 되리라.

2015년은, '양의 해'라고 한다. 부디 새해에는 순수하고 깨끗하며 평화를 상징하는 청양靑羊의 기운을 받아, 모든 일이 순탄하고 평화롭게 이어지기를 희망한다.

* 대구신문 달구벌아침 (2015.1.7.)

이런 모순

사람이 살아가면서, 언제나 말과 행동이 일치한다면 얼마나 좋을까. 이론이나 법과 제도가 현실과 잘 맞는다면, 그 얼마나 따뜻할까.

'사람은 사회적 동물'이라고 한다. 혼자서는 살아가기가 어려울 뿐 아니라, 주변의 여건이나 자연현상 등에 따라 상황은 시시때때 달라지기 마련이다. 개인의 취향이나 의지보다, 환경으로부터 더 큰 영향을 받게 된다는 것이다. 말과 행동이 일치되기 어렵고, 이론과 현실이 잘 맞지 않는 이유다. 그렇다. 어쩌면

삶 자체가 모순矛盾의 연속인지도 모른다.

개인의 사생활이야 그렇다고 치자. 거미줄처럼 복잡한 우리 사회 곳곳에 공기처럼 모순이 존재하고 있으니 문제가 생긴다. 모순을, 알면서도 모르는 척 눈 감을 때가 있다. 융통성이나 적응이라는 이름에 잣대가 무뎌지기도 하고, 조직사회를 견뎌내는 면역의 두께로 인식이 흐려지는 경우도 많다.

니코틴의 폐해를 역설하면서도 흡연의 유혹을 뿌리치지 못하는 사람. 보호해야 할 대상을 학대하고 피해를 입히거나, 직위를 이용해 부당한 지시를 일삼는 관리자. 정감 있는 우리말보다 어려운 외국어 사용에 매력을 느끼는 문화 의식. 능력보다 연출이 앞서고, 과정보다 실적이 중시되며, 일등만 살아남는 사회…….

그 중에는, 서민 생활과 직결되는 이런 모순도 있다.

동네어귀에는 유동인구가 많은 네거리나 버스정류장 등을 중심으로 노점상이 빼곡하다. 제철 채소나 과일, 곡류 등 먹을 것들이 대부분을 차지하고, 액세

서리나 속옷, 양말 등 생활용품도 눈에 띈다. 이들 노점상의 긍정적인 효과는 주변 상가와 어울려 사람 사는 모습을 실감 나게 한다는 데 있다. 내세울 것도, 탓할 것도 없는 서민들의 푸근한 세상살이 말이다.

어묵이나 호떡, 떡볶이 등은 어른이나 아이 할 것 없이 가볍게 즐기는 간식이다. 멸치와 다시마를 우려낸 육수에 무와 붉은 게, 콩나물에 통김치까지 더해진 국물 맛은 생각만으로도 군침이 돈다. 길가에 서서 따끈따끈한 어묵이나 호떡을 먹으며 날씨 이야기와 생활정보를 공유하기도 하니, 이웃들의 참새 방앗간 같은 활기가 느껴지기도 한다.

그러던 어느 날, 찬물을 끼얹은 듯 조용해진 거리에는 따뜻한 정은 간 곳 없고 써늘한 아스팔트만 덩그러니 남을 때가 있다. 그럴 때는 왕래하는 사람들의 발길도 뜸해질 수밖에 없다. 머물 곳도, 구경할 거리도 없어졌기 때문이다. 이유인즉, '단속기간'이라는 것이다. 때마침 횡단보도 앞에는 '노점상 금지구역 특별단속'이라는 붉고 큼지막한 글씨가 펄럭인다. '단속기간이니, 몸조심하라'는 경고의 말을 대신하는 듯 과태료의 금액까지 적혀있다.

우스운 것은, 단속 방법이 재미있다는 것이다. 약속이라도 한 듯 일정한 시기를 정해놓고, 썰물처럼 빠져나갔다가 어느 날 일제히 다시 나타나는 밀물 같은 현상. 연중 가장 더울 때나 추울 때를 정해 해마다 주기적으로 반복되는 단속이다. '노점으로 고생했으니, 일정기간 휴가라도 다녀오라'는 깊은 뜻이라도 담긴 걸까.

그것이 만일 금지구역에서 행해지는 불법행위라면, 사시사철 단속을 하는 것이 마땅하다. 그러나 서민생계니 지역경제 활성화 운운하며 넘어갈 수도 있는 일이라면, '눈 가리고 아웅'만 할 것이 아니라 규정을 바꾸어 속 시원하게 봐주는 편이 훨씬 낫지 않겠느냐는 생각이다.

약간의 조건이나 부담을 안길 수는 있을 것이다. 사람이나 차량의 통행 또는 바로 인근의 상점에 피해를 주지 말아야하는 것은 당연하다. 공용의 도로를 사용한 만큼 청소를 하거나 어려운 이웃을 위해 일정한 봉사활동을 하게 하는 것도 괜찮겠다.

노점이 열린다는 것은, 파는 사람만큼 사는 사람도 있다는 뜻이다. 현수막이 걷히는 날, 다시 돌아올 기회를 호시탐탐 엿보는 노점상들과의 술래잡기보다 법과 제도를 현실에 맞도록 과감하게 정리하는 것은 어떨지 묻고 싶다.

'국민 행복 시대'를 건설한다고 한다. 사람 냄새 물씬 풍기는, 왁자지껄한 노점상. 노점이 없는 말끔한 거리는, 어쩐지 어색하고 삭막할 것 같다. 서로 기댈 상대가 있을 때, 행복도 느낄 수 있는 것 아닐까.

* 대구신문 달구벌아침 (2015.2.3)

급히 먹는 밥이 체한다는 말

새해 들어, 세간을 떠들썩하게 하는 일들이 끊임없이 일어나고 있다. 아파트 화재, 가족 · 친지 간의 살해나 인질극 등이 우리를 슬프게 했고, 권력 또는 지위를 남용한 '갑의 횡포'가 우리를 화나게 했으며, '어린이집 교사, 아동 학대' 사건은, 모든 계층을 분노에 들끓게 만들었다.

거기다 근로소득세 연말정산에서 드러난 '세금 폭탄'으로, 사회는 벌집을 쑤셔놓은 듯 어수선하기 그지없다. 봉급생활자들에게 '13월의 보너스'로 인식되

었던 연말정산이 세금 과다 징수라는 의외의 결과로 나타나면서, 혼선이 빚어지기 시작했다.

올해 새로 도입된 연말정산 제도는, 소득재분배 효과를 강화하기 위해 저소득층의 세금 부담은 줄이고 고소득층 부담을 늘리는 방향으로 설계되었다고 한다. 그러나 정부의 설명과는 달리 실제 연말정산의 결과가 돌려받을 금액이 훨씬 적거나 추가로 납부해야하는 금액이 커졌다는 데 대해 봉급생활자들이 불만을 터트리게 되었다.

정부에서도 잘못된 점을 보완하겠다는 뜻을 밝혔다. 세법 개정 당시 단계별 시뮬레이션 과정에 문제가 있었던 모양이다. 매우 다양한 경우의 수에 대한 검증이 충분하지 못했다는 것이다. 6세 이하의 자녀가 1명일 때보다 2명 또는 3명일 때 세금이 더 증가하는 것도 선뜻 납득하기가 어렵다. 의료비와 교육비, 기부금 등이 소득공제에서 세액공제로 공제방식이 바뀌는 등 세제 개편 내용에 대한 국민들의 인식이 부족했던 점도 사실이다.

매월 조금씩 낸 세금을 합하여 더 낸 세금은 돌려주고 덜 낸 세금은 추가로 징수하는 연말정산 제도를 제대로 이해한다면, 그렇게 큰 차이가 발생하지 않는다는 것이 정부의 설명이다. 결론적으로 개정세법으로 인해 세금이 늘어나는 경우는 전체 봉급생활자 중 연소득 5천5백만 원 이상에 해당하는 22%에 불과하다는 것이다.

하지만, 봇물 터지듯 한꺼번에 터져버린 국민들의 성화에 당황한 정부는 기자회견을 하고 대책을 발표하는 등 부산한 움직임을 보이고 있다. 당정이, 정부 대책 발표 하루 만에 대대적인 보완에 나선 것도 놀랍다. 그렇게 발 빠르게 조치를 할 수 있는 내용을 2013년 개정 당시에도 염두에 두었더라면, 지금과 같은 불만이 폭발하지는 않았을 텐데.

정부와 여당은 긴급 당정협의를 갖고 연말정산 제도의 합리화를 위한 4대 보완책을 마련했다고 한다. 자녀 세액공제와 독신 근로자의 표준세액공제, 연금보험료 세액공제 수준을 상향 조정하고, 자녀 출생과

입양에 대한 세액공제를 신설한다는 것이다. 아울러 4월 임시국회 때 보완대책 관련 소득세법 개정안을 처리하고, 5월께 많이 낸 세금을 돌려줄 예정이라고 발표했다.

그런 일련의 과정들이 당정의 계획대로 착착 진행이 될 수 있다면 얼마나 좋을까. 그렇지만 법을 개정하기 위해서는 여야 간 협의, 발의 및 통과, 시행에 이르기까지 물리적으로 많은 시간이 필요하다. 더불어 세입의 감소와 연관된 다른 부분을 동시에 고려해야 할 것이다. 만약 소득세법 관련 단편적 개정만을 앞세운다면, 또 다른 시행착오를 겪게 될 것임이 분명하다.

문제가 된 개정 세법에 대한 보완 작업이야말로 차분하게 진행되어야 할 것이다. 성난 민심에 깜짝 놀라, 급한 대로 발등의 불부터 끄고 보자는 생각은 절대 금물이다. 부디, 이번만큼은 수많은 변수에 대한 면밀한 검토와 세세한 검증이 수반되기를 희망한다. 특정 계층이 손해를 보거나 혜택을 입는 기형적인 경우가 발생하지 않도록 말이다.

'급히 먹는 밥이 체한다.'는 말은 서두르면 오히려 일을 더 잘못하고 망치게 된다는 뜻의 우리 속담이다. 바쁠수록 침착하게 뒤돌아보는 여유가 필요하다. 세법 개정을 위해 시간을 끌어야 한다는 이야기가 아니라, 심사숙고해 달라는 부탁을 하자는 것이다.

납세자연맹에서는 연말정산 서류를 제출하기 전에 반드시 '연말정산 자동계산기'로 미리 세금 변동 금액을 확인하고, 자신의 처지에 맞는 적절한 세테크 전략을 구사해야 할 것이라고 권유했다. 연말정산 제도의 내용을 바로 알고, 공제 받을 수 있는 자료를 빠짐없이 잘 챙기라는 뜻이다.

* 대구신문 달구벌아침 (2015.2.16)

봄이 오는 길목에서

봄을 재촉하는 비가 촉촉하게 내리는 오후. 자리에서 일어나 팔짱을 끼고 물끄러미 창밖을 바라본다.

알록달록 우산을 받쳐 들고, 여고생 세 명이 나란히 걷고 있다. 한 학생이 손뼉을 치고 팔짝 뛰며 춤을 추기 시작한다. 연이어 다른 두 명의 학생도 노래를 부르며 몸을 움직인다. 행인이 많지 않은 인도는 그들에게 자유를 만끽하는 작은 무대가 되어준다. 한참을 그렇게 배를 움켜쥐고 까르르 웃는 모습에, 멀리서 그들을 지켜보는 필자의 입꼬리도 슬며시 올라

간다. 나도 저들과 함께 꾸밈없이 밝게 웃을 수 있을까. 생각만으로도 상큼한 군침이 돈다.

무슨 일로 저렇게 즐거울까? 청춘. 그래, 청춘이 저들을 활기에 넘치게 했으리라. 구르는 낙엽만 보아도 절로 웃음이 나는 것이, 청춘이다. 단순하고, 명쾌하다는 것. 가슴 속에 그들을 울적하게 할 만한 거미줄 같은 장애물이 없기 때문일 것이다.

요즘 들어 사회가 너무 어지럽다. 뉴스를 마주하기가 불편할 정도로 반갑지 않은 소식이 많은 탓이다. 끊임없이 이어지는 정치인들의 불협화음과 대기업 경쟁사들 간의 다툼이 그렇다. 휴게소나 편의점, 마트 등을 대상으로 은밀한 뒷거래를 해온 담배 제조업체의 횡포와 폐기물 계란이라는 먹거리 공포가 기업의 상도덕에 먹물을 끼얹었다.

심심찮게 들려오는 사회지도층 인사들의 성폭력 사건, 방화와 흉기 난동 등 분노조절 장애로 인한 마구잡이식 범죄, 잔인하고 포악하기 이를 데 없는 인명경시 풍조에 현기증이 날 지경이다. 반성의 기미가 보이지 않는 전직 검사의 차량 절도 행각과 시의원 출신의 살인 청부라는 끔찍한 비행은 우리 사회에 어떤 화두를 던지고 있는 것일까.

직장생활을 하다보면 의외로 많은 사람들이 스트레스로 힘들어하고 있음을 볼 수 있다. 인격보다 중요시되고 있는 성과 제일주의. 과다하게 설정된 목표를 채워야 하는 실적 압박과 언어폭력으로 인한 직장 내 괴롭힘으로부터 무던히 견뎌내기 위한 몸부림이 도를 넘는 경우도 있다고 하니, 마음이 씁쓸하다. 그뿐 아니다. 즐거워야 할 명절에 생활고를 감당하지 못한 상대적 박탈감과 소외감 등으로 스스로 삶을 포기한 일가족 소식에 눈시울이 뜨겁다.

하긴 혈기가 왕성한 학생들도 그들 나름대로 고민이 없지는 않을 것이다. 학업성적과 진로 선택, 학교 내 따돌림 또는 성장 과정에서 발생되는 여러 가지 고민들. 하지만 자지러지게 한바탕 웃고 나면 또 다른 하루를 맞이할 수 있으니, 때 묻지 않은 그들의 젊음이 부러운 것이다.

미국의 시인 사무엘 울만Samuel Ullman은 「청춘」이라는 시를 통해 '청춘이란 인생의 어떤 한 시기가 아니라 마음가짐을 뜻한다'고 노래하였다. 청춘이란 두려움을 물리치는 용기, 안이함을 뿌리치는 모험심, 그 탁월한 정신력을 뜻하며, 때로는 스무 살 청년보다 예순 살 노인이 더 청춘일 수 있다고. 누구나 세월만으로 늙어가지 않고 이상을 잃을 때 늙어간다고…….

'피할 수 없으면, 차라리 즐겨라'는 말도 있다. 이왕 해야 할 일이라면, 긍정적인 생각과 행동으로 당당하게 맞서보라는 뜻이다. 의무감에서 벗어나 즐거운 감정으로 일을 할 때, 훨씬 능률이 오르고 마음의 풍요를 느낄 수 있다는 것은 체험으로도 충분히 알 수 있다.

수목원을 걸어본다. 털머위, 처녀치마, 홀아비꽃대, 곰비늘고사리 등 처음 접하는 식물들의 재미있는 이름표를 보며, 꽃이 피면 다시 만나자고 그 이름을 복창해보기도 한다. 2월 하순의 수목원에는 가장 먼저 봄소식을 전하는 복수초가 땅 위로 노란 꽃송이를 내밀었다. 산수유의 메마른 가지에서도 순한 바람에 간지럼을 타는 듯 움을 틔우는 기지개를 시작했다.

봄이 오는 길목에서, 다시 한 번 호흡을 가다듬어 본다.

다가오는 봄에는 우리 사회의 어두운 면들은 겨울의 싸늘한 냉기와 함께 사그라지고, 희망의 밝은 날이 다가오기를. 모두가 자신의 위치에서 최선을 다하는 긍정의 하루하루를 살아가기를. 그리고 두려움을 물리치는 용기와 탁월한 정신력과 이상을 잃지 않는 마음을 갖게 되기를.

* 대구신문 달구벌아침 (2015.3.4.)

생명의 물

잦은 황사로 시야가 흐려지고 있다.

중국과 몽골로부터 노란 모래바람이 불어 닥친 것은, 그곳 사막지대의 건조함 때문이라고 한다. 황사로부터 피해를 줄이기 위해 마스크를 착용하라고 하지만, 마스크보다 더 강조되고 있는 것이 물을 자주 마시라는 것이다. 인체에 스며든 아주 작은 먼지들을 물로 씻어내라는 뜻이다.

지구의 70%가 물로 구성된 것처럼, 인체의 70%도 물로 구성이 되었다. 조금이라도 부족하면 생명을 유지하는데 지장이 있는 물. 생활주변에서 수분이 없어 말라가는 꽃나무에 물을 듬뿍 줘 본 일이 있는가. 물기가 촉촉할 때와 부족할 때, 서 있는 형태부터 달라지는 것은 식물에게도 마찬가지다.

이왕 물에 대한 이야기가 나왔으니, 조금은 우습겠지만 최근 필자가 체험한 사례 한 가지를 들어보고자 한다.

명절 연휴를 보내고, 평소에 없던 변비가 나타나기 시작했다. 명절증후군이려니, 대수롭지 않게 여겼다. 그러던 어느 날 예상치 못했던 기습을 당하고 말았으니, 두 번 다시 경험하고 싶지 않은 불편한 증상이었다.

뒤를 보고 싶은 마음이 굴뚝같은데, 도무지 일을 볼 수가 없는 것이 아닌가. 변기에 앉아 그렇게 일념으로 정성을 쏟을 일이 생기리라고 짐작이나 했을까. 번번이 밀어내기에 실패를 거듭하고, 온 몸에 흐르는 식은땀과 으슬으슬 한기가 겹쳐 가까운 한의원을 찾게 되었다.

거의 울상이 된 채, 엉거주춤 부자연스러운 자세로 마주한 한의사의 진맥 결과는 크게 걱정하지 않아도 된다는 것. 몸살로 인해 장기臟器에 열이 나, 변便의 물기가 말라버렸다는 것이었다. 순환을 촉진시키려는 듯 반듯하게 누워 침과 뜸 시술에 온열마사지까지 받았다. 집으로 돌아와서도 뒤가 편하지 못해 2시간 간격으로 잠에서 깨어 화장실 드나들기를 반복했으니, 그 괴로움을 어떻게 표현할까.

저녁 식사도 곡류 한 톨 입으로 넣어보지 못하고, 배춧잎을 통째 씹어 먹는 것으로 대신했다. 그리고 연거푸 물을 마시며 고통을 달랠 수밖에. 그러던 중 다음날 아침이 밝아오고 나서야 소똥 같은 굵직한 덩어리가 툭툭 떨어지면서, 상황은 끝이 났다. 결코 다시 들어갈 일이 없다는 듯 고집스레 내밀고 있던, 인체의 종착역쯤으로 여겼던 그곳이 거짓말처럼 쏙 들어가 버린 것이다.

아, 그런 유형의 몸살도 있다는 사실을 진즉에 알았더라면 어땠을까. 배를 주무르고 꼬집고 지압을 하기도 하는 등 모든 상식을 동원하여 변을 보기 위해 애를 쓰지 않고, 차분하게 물을 마시며 구불구불한 장腸의 열이 내리기를 감내하고 있었을 텐데. 다음날은 밤새 안간힘을 쓴 후유증으로 등의 근육이 똘똘 뭉쳐, 나오는 재채기도 참아야 할 지경이었다.

생명의 물. 인체의 특정 부위에서도 물의 역할이 절대적이라는 사실을 이렇게 뼛속 깊이 깨닫게 되리라고는 미처 상상도 하지 못했던 일이다. 마시는 물도, 버려지는 배설물도 결코 허투루 생각해서는 안 된다는 진리를 일깨워준 굵고 짧은 메시지가 아닌가 한다.

오는 22일은 <물의 날>이다. 1992년 제47차 유엔총회에서 브라질 리우환경회의의 권고를 받아들여 3월 22일을 <세계 물의 날>로 지정・선포하게 되었으며, 우리나라는 1995년부터 정부 차원의 기념행사를 실시하여 올해로 20주년이 되는 해다. 또 4월 12일부터 17일까지 엿새 동안은 대구・경북 지역에서 <제7차 세계물포럼>이 개최된다. 세계물포럼은 세계물위원회에서 3년마다 개최하는 지구촌 최대의 물 관련 국제행사로, 물 문제의 해결방안 논의와 이를 실천하기 위한 정치적 선언을 도출하는 등 물 분야 최대의 전시 올림픽이다.

<물의 날>이 있고, <세계물포럼>이 개최되는 봄. 너무 가까이 있어 소중함을 느끼지 못했던 물에 대해 다시 한 번 관심을 환기하는 기회가 될 수 있기를 바란다. 그리고 물 관련 행사가 성공적으로 개최될 수 있도록 지역주민들의 적극적인 관심과 참여를 기대한다.

올봄에는 어느 때보다 잦은 황사와 미세먼지가 예고되고 있다. 건강을 지키기 위해 외출을 자제하거나 마스크를 챙기는 것도 중요하지만, 생명의 물을 더 자주 더 많이 마시는 것도 좋겠다.

* 대구신문 달구벌아침 (2015.3.11.)

안전사고 예방, 기본을 지키는 것부터

간혹 어린아이나 집에서 키우는 개를 무릎에 앉힌 채 운전을 하는 사람들을 마주칠 때가 있다. 깊은 한숨이 절로 나온다. 눈에 넣어도 아프지 않을 사랑하는 자녀나 가족 같은 애완견이 운전자의 쿠션 역할을 하게 된다면, 누구를 원망할 것인가.

포근한 봄의 출근길. 버스를 타고 무심히 창밖을 내다보다, 놀라운 광경을 목격했다. 눈을 뗄 수가 없어, 목이 아플 정도로 한참을 돌아봤다. 인도 위를 달리는 자전거에는, 페달을 밟고 있는 남자의 어깨 위로 두 다리를 걸친 어린아이가 높이 앉아 주변을 두리번거리고 있는 것이 아닌가. 쳐다보기만 해도 와싹 소름이 돋을 만큼 아찔한 풍경이 아닐 수 없었다.

작년 불의의 여객선 침몰사고에 이어 서울 지하철 추돌사고, 완공을 앞둔 건물이 기울어지거나 느닷없이 도로가 내려앉는 등 끊임없이 이어지는 크고 작은 사고로, 정부조직이 개편되는 등 온 나라가 안전사고에 대한 근심 걱정으로 한시도 마음을 놓지 못하고 있으니, 더욱 관심이 커질 수밖에.

대부분의 안전사고는 기본을 지키지 않은 데서부터 시작된다. 판교 환풍구 붕괴참사가 그렇다. 눈 깜짝할 사이, 손을 써볼 겨를도 없이 많은 생명을 앗아가 버린 어이없는 사고였다. 지난달 인천국제공항에서 서울로 가는 영종대교 위의 100중 추돌이라는 초유의 사고도, 안개 상황에 맞게 주행속도를 줄이고 차간거리를 유지했다면 그렇게까지 사고가 커지지는 않았을 것이라는 지적이 있었다.

산업체나 야외에서의 경우도 마찬가지다. 최근 충

북 청주의 한 반도체 필름 제조공장에서 유독가스가 누출돼 18명이 병원으로 실려 가고 수십 명이 대피하는 소동이 일어났으나, 신고가 늦어지는 바람에 피해가 더 커졌다고 한다. 캠핑객들의 캠프 내 난방기구 사용 부주의로 인한 화재, 질식 등 인명피해 소식도 끊이지 않고 있다.

제397차 민방위의 날에 있었던 사례를 돌아보자. 긴급한 환자의 생명을 살릴 수 있는 골든타임을 확보하기 위해, 전국 263곳의 정체구간에서 '소방차 길터주기' 훈련이 실시됐다. 급박하게 사이렌이 울어도 꿈쩍도 하지 않는 차가 있는가 하면 끼어들기에 가로막기까지 운전자들의 양보할 줄 모르는 안이한 태도와 그 앞에서 급히 도로를 건너는 보행자도 있었다니, 분과 초를 다투는 응급대원들의 마음은 얼마나 답답했을까.

문제는, 몰라서 그런 것이 아니라는 데 있다. 조금 번거롭고 귀찮다는 것, 나와 내 주변의 일이 아니라는 것이다. 자신만 괜찮으면 그만이라는 이기주의적 자세가 사고를 더 키울 수 있다는 사실을 인식했더라면, 그럴 수는 없었을 것이다.

직장인들이 출근으로 분주하고, 많은 학생들이 오가는 등굣길. 자전거를 타고 인도 위를 달리는 젊은 아빠는, 아침부터 선글라스까지 착용을 하여 그 모양새가 더욱 아슬아슬해 보였다. 보는 사람 모두 놀란 토끼눈으로 입을 다물지 못했던 것은, 묘기 같은 기이한 모습이 아니라 몹시 걱정 어린 불안감 때문이었다.

자칫 중심을 잃어 아이가 떨어지는 불상사라도 생기면 어찌할까. 그 자리에서 바로 받아낼 기세로 은연 중 두 팔을 벌리는 시늉을 하는 사람도 눈에 띄었다. 만에 하나라도, 길 위에 함부로 흩어진 함석 조각이나 울퉁불퉁 튀어나온 블록이라도 밟게 된다면 말이다. 빳빳하게 굳어있는 아이의 표정과 긴장한 팔다리만 봐도, 머리는 인식을 못하지만 몸이 스스로 불안해하고 있다는 것을 알고도 남을 일이다.

만물이 깨어나는 봄이다. 겨우내 땅속에서 참고

기다리던 꽃과 식물들이 하나둘 고개를 내밀고, 마른 가지로부터 보송보송 버들강아지가 눈을 뜨고 있다. 옴츠렸던 자연과 생활 주변의 모든 것들이 긴장에서 풀려나는 해빙기. 공사장 또는 놀이시설의 기계나 장비들도 굳었던 상태에서 나사가 느슨해지기 쉬운 시기다.

유비무환有備無患이라는 말처럼, 모든 사고에는 사후조치도 중요하지만 사전예방이 더욱 중요하다. 기본을 지키는 것은 생명과 재산을 지키는 것. 우리가 평소 안전에 대한 인식을 잊고 지내는 것은 아닌지, 기본 지키기부터 스스로 점검을 해볼 일이다.

* 대구신문 달구벌아침 (2015.4.1)

봄꽃 축제 현장에 가려면

팝콘이 터지듯, 하루가 다르게 팡팡 터져 나오는 벚꽃을 보았는가. 부끄러운 새색시 모양 살금살금 꽃을 피운 산수유의 수수함과는 달리, 날 좀 보러 와달라며 손짓하는 벚꽃들의 표정은 매우 적극적이고 화려함을 넘어 때로는 도발적인 분위기까지 느껴진다면, 지나친 표현일까.

지인들로부터 속속 들려오는 봄소식에는, 남쪽 지방부터 시작된 벚꽃놀이 이야기가 태반이다. 제주, 화개장터, 낙동강변 30리 벚꽃축제가 이미 막을 내렸

고, 진해, 경주, 경포에서도 벚꽃축제가 진행 중이다. 팔공산과 청풍호, 여의도 윤중로 벚꽃축제도 개막을 서두르고 있다.

필자도 우연한 기회에 벚꽃이 화사한 유원지를 찾게 되었다. 어떤 공모전의 심사를 위해 자리를 같이하셨던 분이 당신의 따님께서 민화 전시회를 하고 있으니 함께 가보지 않겠느냐는 권유에 두 말 없이 따라나섰는데, 예상치도 못했던 벚꽃을 만나게 되다니.

와, 벚꽃이다. 그분도 당신이 사는 곳에는 아직 벚꽃이 이렇게 활짝 피지는 않았다며, 탄성을 질렀다. 심사를 하느라 3시간이 넘도록 깨알 같은 글씨를 읽으며 신경을 쓴 탓에 약간은 피로를 느낄 수도 있었건만, 양쪽으로 만개한 벚꽃터널을 마주하니 느슨해지려던 몸과 마음에 반짝 생기가 살아났다.

차분한 봄비가 대지를 적시는 평일의 오후, 꽃구경을 하러온 상춘객은 눈에 띄지 않았다. 다만, 중년의 외국인 남녀가 벚꽃을 배경삼아 사진을 찍으며 즐거워하는 모습이 인상적이었을 뿐. 더불어 꽃보다 차와 사람이 많지 않았음에 다행이라는 생각을 했던 것은, 축제의 현장에서 종종 발생되는 어수선한 뒷모습 때문이었다.

겨우내 몸을 움츠렸다가, 때가 되면 어김없이 피어나는 꽃들을 보라. 자연의 섭리와 질서가 얼마나 대단한지를. 그리고 누군들 이런 눈부신 자연의 선물 앞에서 행복을 느끼지 않을 수 있는지를. 아름답고 신비로운 꽃을 감상하고, 그 속에서 마음의 위안과 평화를 느낄 수 있는 꽃들의 축제에, 주인공은 사람이 아니라 꽃이다. 마땅히 그래야 한다.

이참에 축제 현장에서 지켜야 할 몇 가지 제안을 하지 않을 수 없다.

봄꽃 축제 현장에 가려면, 지구와 환경을 먼저 생각해야 할 것이다. 걷거나 대중교통 이용을 위해 주최 측에서는 축제의 현장으로부터 일정 거리를 벗어나 주차공간을 준비해주는 것이 좋겠다. 정해진 구역에 차를 세우고, 걷거나 현장을 오가는 셔틀버스 등 대중교통을 이용할 수 있도록 해야 한다. 한꺼번에 많은 인파가 몰리는 만큼 생리현상을 해결할 수 있는 화장실을 충분하게 마련하고, 쓰레기 발생 요인을 억제하거나 수거대책을 세워야 한다. 아울러, 본질을 벗어난 공연이나 먹을거리를 비롯한 판매 행위는 축제의 현장과 멀리 떨어진 곳에서 행해지기를 바란다.

하긴, 주최 측의 준비가 아무리 철저하다 해도 참가자의 관심과 적극적인 협조가 없으면 곤란하다. 지구와 환경을 생각하는 축제를 위해 참가자가 지켜야 할 준수사항을 재미있는 현수막이나 안내판으로 여러 곳에 설치하는 것도 괜찮겠다. 조금만 신경을 쓰면 실천할 수 있는 일을, 미처 생각을 못해 무심코 지나치는 잘못을 범할 수 있으니 말이다.

잦은 봄비와 변덕스런 날씨로 벚꽃과 개나리, 목련 등이 고개를 숙인 해쓱한 모습에 아쉬움도 적지 않다. 꽃 떨어진 자리에 잎이 돋아나고, 진달래와 철쭉, 튤립, 유채꽃도 피기 시작했다. 굳이 축제의 현장을 찾아가지 않으면 어떠랴. 봄소식은 꽃향기로부터

온다고 해도 좋을 만큼 우리 사는 곳곳에 지천으로 핀 것이 꽃인데.

축제의 주인공이 꽃이 아니라도 마찬가지다. 부디 많은 인파가 모이는 축제의 현장에는 걷거나 대중교통을 이용하자. 일회용품 사용은 줄이고, 자기 쓰레기는 반드시 되가져갈 수 있도록 하자. 국민들의 환경에 대한 욕구와 의식이 높아진 만큼 환경을 대하는 태도 또한 의젓해야 한다.

그래. 봄꽃 축제 현장에 가려면, 아름다운 꽃봉투 하나쯤 챙겨가도록 하자. 지구사랑 한 움큼 담아올 수 있는 마음의 꽃봉투.

* 대구신문 달구벌아침 (2015.4.13.)

기후변화주간,
온실가스 줄이는 실천의 기회로

궂은 날씨에 마음마저 울적해지는 봄이다. 4월 중순에 옷깃을 여미게 하는 심한 일교차는 지구가 보내는 경고의 메시지가 아닌가 한다.

20년 가까이 옷가게를 하고 있는 친구는 장사하기가 너무 어려워졌다며 볼멘소리다. 화창한 봄이 오는가 싶다가 돌풍을 동반한 비와 함께 싸늘해져버리는 변덕스런 날씨 때문이다. 서둘러 얇은 옷을 진열했다가, 며칠 새 다시 바꿔 걸어야 하는 불편함에 도무지 감을 잡을 수가 없다는 것이다. 서랍 정리를 해야 하는 가정주부들에게도 일손이 번거롭기는 마찬가지다.

도대체 날씨가 왜 이럴까? 봄이 짧아지고 변덕스러워진 이유를, 이제야말로 하늘을 쳐다볼 것이 아니라 우리 주변에서 찾아야 할 때가 된 것이다.

도로 위를 달리는 자동차의 행렬과 날로 늘어나는 아파트 숲을 보라. 지구의 온도가 높아진 이유가 바로 그곳에 있음을, 말을 하지 않아도 절로 고개가 끄덕여질 것이다. 자동차로부터 끊임없이 뿜어져 나오는 아지랑이 같은 배기가스. 높이 쌓아올린 성냥갑처럼 숨이 막힐 정도로 빽빽하게 들어찬 아파트 단지. 무절제한 냉・난방에 함부로 버려지는 음식물 쓰레기와 과대 포장.

4월 22일은 지구환경오염의 심각성을 알리기 위해 자연보호자들이 제정한 '제45회 지구의 날'이다. 정부에서도 2009년부터 이날을 전후한 일주일간을 기후변화주간으로 설정하여, 온실가스 감축을 위한 운동을 벌여왔다.

올해도 '제7회 기후변화주간' 행사가 4월 22일부터 28일까지 전국적으로 동시에 개최된다. 특히 이번 기후변화주간에는 작년부터 진행된 '온실가스 1인 1톤 줄이기' 캠페인이 전개될 예정으로, 일회성 홍보나 교육이 아닌 기후변화의 심각성과 친환경 생활을 체험할 수 있는 행사가 중심이 된다.

대구지역에서도 대구기후환경네트워크를 중심으로 온실가스를 줄이기 위한 다양한 행사가 마련된다. 25일, 대구시민 생명축제가 반월당~대구역 네거리 구간에서 24시간 '차 없는 거리'로 진행되며, 중앙로 일대에서는 온실가스 줄이기 홍보 캠페인이 전개된다. 그밖에도 환경 사진과 동시 전시회, 자전거 대행진, 어린이 기후학교 등 여러 가지 활동이 펼쳐진다.

평소 가정이나 직장 등 일상생활을 통해서도 온실가스를 줄일 수 있는 생활의 지혜를 살펴보자.

가까운 거리는 걷거나 자전거 또는 대중교통을 이용하고, 자가용을 이용할 때는 친환경 운전을 생활화하자. 음식은 필요한 만큼 준비하고, 먹을 만큼만 덜

어서 먹자. 쓰지 않는 전기코드는 뽑고, 대기전력을 줄이자. 냉・난방기 사용은 적정 실내온도를 유지하도록 하자. 복장만으로도 체감온도를 2~3도 조절할 수 있다. 여름과 겨울, 쿨cool 맵시와 온溫 맵시 착용으로 건강도 지키고, 지구도 살리는 일석이조의 효과를 누려보자.

어느 날 갑자기 수돗물이나 전기 공급이 중단된다면, 세상은 어떻게 달라질까. 우리 주변에는 물, 전기, 기름 등 물자가 너무 풍부하여, 아껴야 할 필요를 느끼지 못하게 된 것인지도 모른다. 하지만 2011년 9월의 정전대란으로 인한 순환단전의 악몽을 되살려보는 것만으로도, 에너지를 절약해야 할 이유는 충분하지 않을까.

'세 살 버릇 여든까지 간다'는 속담처럼, 몸에 밴 습관을 고치기란 쉽지 않은 일이다. 그러나 지구온난화의 원인이 인간 활동으로 비롯되었음을 인정한 이상, 한 사람 한 사람이 결자해지結者解之의 심정으로 풍요로움에 길든 생활습관을 고쳐나가야 한다.

강원도 산간지역에 대설주의보가 내려졌다. 지리산과 한라산에도 눈이 내렸고, 대기불안으로 제주와 포항 등 곳곳에 때 아닌 우박도 떨어졌다. 2월의 기상상황이 아니라, 4월 중순의 날씨가 그렇다. 설악산으로 꽃놀이를 갔던 어떤 관광객은 예상치 못했던 눈꽃을 만나 봄과 가을을 동시에 느낄 수 있었다며 좋아했다니, 다른 일면에서는 입맛이 씁쓸했던 것도 사실이다.

이번 기후변화주간을, 온실가스를 줄이는 실천의 기회로 만들어보자. 조금 작고, 조금 느리게. 조금은 불편하고, 조금은 부족함에 익숙해지는 연습을 해야 한다. 지구가 보내온 경고의 메시지에 숙연하게 대처하는 지혜를, 더 이상 미루어서는 안 되는 까닭이다.

* 대구신문 달구벌아침 (2015.4.22.)

가정의 달, 마음이 담긴 말 한마디

출근시간을 피해 버스를 이용할 기회가 있었다. 가벼운 마음으로 캐리어를 끌고 집결지로 향하던, 여행길. 창가에 앉아 한가로이 바깥 풍경을 바라보며 여행지에 대한 환상에 잠겨있던 중 버스가 한 정류장에서 잠시 지체를 하는 것 같았다. 관심을 갖고 살펴보니, 허리가 꼬부라진 할머니가 힘겹게 버스에 오르는 중이었다.

할머니는 한 손으로는 버스 손잡이를 잡고, 다른 손으로는 무릎을 짚은 채 무거운 짐을 끌어올리듯

간신히 다리를 들어 올리고 계셨다. 몸은 말을 듣지 않는데, 마음은 뒤따르는 젊은 승객들이 불편해 할 것을 염려한 나머지 조바심으로 그러시는 것이 눈에 선했다.

친정엄마를 생각해보면 바로 답이 나온다. 미수米壽에 가까운 당신께서도 병원이나 대형마트 등 공공 시설에서 계단을 오르내릴 때, 쇳덩이 같은 몸과는 달리 마음만 바빠 어쩔 줄 모르는 모습을 자주 보게 된다. 천천히 움직여도 된다고 말씀을 드려보건만, 자식이나 손자뻘 되는 젊은이들에게 불편한 존재가 되고 싶지 않다는 일말의 자존심이 허락을 하지 않는 것 같았다.

할머니께서 어렵사리 버스에 발을 들여놓았을 때, "천천히 올라 오이소"라며 기다릴 것임을 표현하는 굵직하고 부드러운 음성이 들려왔다. 표정이 없어 무뚝뚝한 줄 알았던 운전기사님 쪽에서 말이다. 이어서 할머니께서 자리를 잡지 못해 멈칫거리는 사이 "자리에 앉으이소"라며, 곧 출발하겠다는 의사를 알리는 비음 섞인 사투리가 그렇게 정겨울 수가 없었다.

대중교통을 이용하다보면 여러 가지 경우를 접하게 된다. 바쁜 와중에도 승객들과 일일이 눈을 맞추며 인사를 건네는 친절한 분도 있고, 지리를 잘 몰라 정류장을 묻는 승객에게 손바닥을 들여다보듯 세세하게 길을 안내해주는 운전자도 있다. 그런 반면, 오로지 운전만이 의무인 듯 승객들에 대한 배려라고는 찾아볼 수가 없고, 미처 계단을 다 올라오지 못했는데 핸들을 움직여 비틀거리게 하거나 문이 닫힐까봐 뛰어내려야 할 때도 있다.

정류장에 가까이 정차하지 않고 멀찍이 섰다가, 승객으로 보이는 사람이 헐레벌떡 뛰어가는 순간 훌쩍 달아나버리는 것은 무슨 억하심정일까. 화가 난 듯 무표정으로 일관하기도 하고, 운전을 하면서 승객들이 다 들을 수 있을 정도로 큰 소리로 휴대폰 통화를 계속하는 경우도 있다.

그날의 기사님은 특별했다. 다른 정류장에서도 연로하신 분들에게 각별한 관심과 인사를 건네는 모습

은, 승객들의 가슴에 따뜻한 감로수를 얻어 마신 것 같은 푸근함을 전해주었다. 덕분에 하루 종일 입가에 행복한 미소가 감돌고, 발걸음은 더욱 즐거운 날개를 달게 되었다.

5월은 가정의 달이며, 사랑과 감사의 달이다.

사랑이나 감사의 말 또는 관심이나 칭찬의 말은 언제 들어도 기분이 좋다. 하지만, 그때그때 감정을 표현하는 것이 말처럼 쉽지 않은 것도 사실이다. '말 한마디로 천 냥 빚을 갚는다'는 속담처럼 잘못이나 실수를 인정하는 것 또한 말로 표현을 할 때 가장 빨리 해결의 실마리가 풀린다는 것은 경험으로 충분히 알 수 있다.

갓난아기나 집에서 키우는 애완동물, 심지어 화분에 심어놓은 꽃나무들에게 전하는 감탄사야말로 얼마나 자연스러운가. 그러나 정작 주고받는 대화를 나누어야 할 사람에게는 왠지 어색하고, 망설여지며, 소름이 돋을 만큼 낯설기까지 한 것은 평소 감정표현에 익숙하지 못했기 때문이리라.

칭찬 한마디가 고래도 춤을 추게 할 정도니, 말의 힘이란 얼마나 대단한가.

'가정의 달'을 맞아, 사랑과 감사의 표현 한마디씩 해보기로 하면 어떨까. 멀리 계시는 부모님께, 사랑하는 아이들에게, 존경하는 스승님께, 한창 꿈을 키울 청소년에게, 촌수寸數를 따질 수 없는 배우자에게.

조금은 어색하더라도, 마음이 담긴 말 한마디는 그 어떤 선물보다 크고 오래도록 감동의 물결을 느끼게 될 것이다. '고기는 씹어야 맛이고, 말은 해야 맛'이라는 속담처럼 가만히 있을 때는 알지 못했다가, 말을 하게 됨으로써 비로소 버스 기사님이 인정이 넘치는 분임을 알게 되었던 것처럼……

* 대구신문 달구벌아침 (2015.5.8.)

직장인의 취미생활

하루를 여는 아침, 고요한 절간의 낙숫물 소리가 이렇게 정겨울까. 졸졸졸, 차분한 실내에 흐르는 커피 내리는 소리. 가만히 귀를 기울여보면, 화선지에 번지는 물감처럼 낮은 소리로부터 은은한 향이 퍼져 나오는 듯 황홀경에 빠져들기도 한다.

그래, 멋이다. 아니, 맛이다. 멋은 무엇이며, 맛은 무엇인가. 멋은 행동이나 됨됨이 따위가 세련되고 아름다움 또는 고상한 품격이나 운치를 말하며, 맛은 음식물 따위가 혀에 닿았을 때 일어나는 느낌 또는 어떤 일에 대한 재미나 만족감을 일컫는다.

기분 좋은 일이 있거나 반가운 손님이 찾아왔을 때 또는 이유 없이 마음이 신산辛酸하거나 허전할 때, 손수 커피 내리기를 좋아한다. 핸드드립hand drip을 위해, 신선한 원두를 갈 때 느끼는 소리나 향미는 분위기를 말끔하게 정돈하거나 지나던 발길을 멈추게 하는 마력 같은 힘도 지녔다.

근년 들어, 소화제나 각성제 등 약용으로 쓰이기 시작했다는 커피에 대한 새로운 연구결과가 꾸준히 발표되고 있는 것은 커피 애호가들에게 얼마나 반가운 소식인지 모른다. 커피와 당뇨 또는 간 기능과의 관계, 커피에 들어있는 폴리페놀의 항산화작용이나 암 발생에 미치는 영향, 기억력 개선 등 긍정적인 효과가 속속 입증되고 있기 때문이다.

일전에도 일본의 언론 보도에 따르면 커피와 녹차를 일상적으로 많이 마시는 사람은 그렇지 않은 사람에 비해 심장, 뇌혈관 질환 등으로 사망할 위험성이 10~40% 정도 낮아진다는 조사 결과가 나왔다

한다.

이쯤 되면, 커피를 즐기는 것은 만족스런 맛과 고상한 멋에 건강도 챙기는 일석삼조의 효과가 아닌가. 특별할 것 없는 일상, 다람쥐 쳇바퀴 돌듯 무미건조해지기 쉬운 직장생활에서 한결 마음이 여유롭고 부드러워질 수 있는 것은 스스로 즐길 수 있는 일을 찾았을 때 가능한 것이 아닐까.

직장생활 중 스트레스로 힘들어하는 사람이 의외로 많다. 업무로 인한 스트레스에, 대인관계로 인한 어려움 또한 적지 않다. 하지만 어떤 경우에도 직장인의 의무감이나 굴레로부터 벗어날 수는 없는 일. '피할 수 없으면, 차라리 즐겨라'는 말이 있다. 적극적이고 긍정적인 자세가 중요하다는 뜻이다. 일을 하는데도, 촉촉하고 유연한 마음을 가질 수 있는 여가문화가 반드시 필요한 이유가 아닌가 한다.

커피를 즐기다가 직장 근처의 문화센터에 개설된 커피 바리스타Barista 과정에 등록을 하고, 자격을 취득하게 된 것이 2년 전 일이다. 단순하게 맛을 즐기기보다, 커피의 역사와 성분, 가공방법 등 커피와 관련된 다양한 지식에 대해 좀 더 소상하게 알고 싶었던 까닭이다. 참고 서적을 구입해 여러 차례 탐독을 하기도 했다.

실습 위주의 커피를 배우던 6개월, 새로움에 대한 호기심과 성취욕은 기대 이상의 매력으로 다가왔다. 일주일 중의 단 하루, 언제나 그 시간이 기다려졌다. 가슴은 두근거렸고, 발걸음은 가벼웠으며, 입가에 그려진 미소가 생활에 활기를 불어주었다. 그리고 지금까지도 누군가를 위해 커피를 내리는 일이 여전히 즐겁다.

오늘의 원두는, 자메이카 블루마운틴. 예멘의 모카, 하와이의 코나와 함께 세계 3대 커피로 꼽히는 '블루마운틴'의 향은 사람의 뇌를 편안하게 해주는 알파파를 배출한다고 하니, 커피 내리는 소리는 직장인의 하루에 생기를 더해주는 훌륭한 간주곡이기에 충분하다.

다른 사람이 하지 않는 일을 할 수 있다는 것, 자

신만의 특별한 취미를 가진다는 것은 즐겁고 신명나는 일임에 분명하다. 그렇다. 직장인에게 취미생활은 보이지 않는 훈훈한 공기와도 같다. 자신뿐만 아니라, 주변에도 엔도르핀 넘치는 즐거운 바이러스를 소리 없이 퍼뜨릴 수 있으니 말이다.

야외활동이 쉬운 계절이다.

심신의 건강 또는 남다른 취미생활을 위해 움직여보자. 걷기도 좋고, 자연을 벗 삼아 사진을 찍어보는 것도 괜찮겠다. 혼자 떠나는 여행도 의미가 있을 것이며, 여럿이 함께 땀을 흘리는 것도 좋을 것이다. 한적한 곳에서 기타를 치며 콧노래 흥얼거리거나, 멋진 풍경을 바라보며 마음의 그림 한 점 남겨보는 것은 또 어떨까.

* 내구신문 달구벌아침 (2015.5.18.)

국제도시의 위상, 시민들의 마음에

연휴를 틈타 제주올레 걷기 여행을 다녀왔다. 장장 22㎞라는 긴 거리를 오롯이 혼자 걸어보기는 처음이었다. 특히 이번 여행에서는 제주를 찾은 관광객을 향한 시민들의 친절이, 다른 지역에 귀감이 될 수도 있을 것 같아 몇 가지 사례를 들어보고자 한다.

제주에서는 대체로 버스를 이용하는 편이다. 창밖으로 보이는 수려한 경관이 여행의 묘미를 더해주기 때문이다.

첫날 저녁, 공항에서 시외버스 터미널로 이동 후

동회선 일주도로로 가는 시외버스를 탔다. 주행거리가 긴 버스는 안전운행을 위해 40분 간격으로 약 2분 정도씩 쉬어가는 나름의 규칙이 있었으며, 요금체계는 거리에 따라 다르게 적용이 되는 것 같았다.

버스가 서귀포시 성산읍 정류장에 이르렀을 때, 일출봉 관광을 마친 것 같은 외국인 남녀가 버스에 올랐다. 행선지를 말하며 요금이 얼마인지 물었는데, 잘 못 알아들었던 것일까. 요금함 앞에서 잠시 지체가 되는 것 같더니, 기사가 외국인 승객을 일단 한쪽에서 기다리게 하고 다른 승객들을 태웠다. 길지 않은 시간이었다.

그때, 뒤에 앉았던 승객들이 외국인에게 어디를 가느냐고 앞을 다투어 묻기 시작했다. 대화에 나선 승객이 공항 행 버스노선을 물었고, 기사는 바로 뒤 따라오는 버스를 타면 된다고 설명해주었다. 내용을 알아들은 승객의 유창한 통역과 적극적인 안내가 주변을 훈훈하게 했다.

필자는 몇 정류장을 더 가서, 예쁘게 꾸며놓은 화

단과 흔들 그네가 아담한 게스트하우스로 들어갔다. 주인인 듯 보이는 남성은, 말이 어눌하고 걸음걸이도 불편했다. 그러면서도 입구부터 주방, 바비큐 장, 객실로 올라가는 과정을 순서대로 안내했다. 객실 앞에서는 도어 록door lock의 작동방법 시범을 보여주며 따라해 보라기에, 말 잘 듣는 아이처럼 순순히 따라했다. 주방에는 공동으로 사용하는 식기류와 가스레인지, 빵과 토스터기, 컵라면에 핸드드립용 원두와 장비까지 갖추어져 만족스러움이 더했다.

다음날 아침, 큼직한 배낭을 본 주인이 목적지를 묻기에 '올레길 3코스'라고 말해주었다. 미리 조사를 해갔으니 별도의 안내가 필요 없었지만, 언행이 불편하면서도 최선을 다해 손가락으로 길을 가리키는 모습에 잔잔한 감동이 일었다. 골목을 돌아 나와 말이 잘 들리지 않을 때까지 약도를 잘 보고 가야 한다며 큰소리로 당부를 잊지 않으니, 손이라도 흔들어줄 수밖에.

올레길은 어느 코스를 걸어도 좋다. 그중에서도, 3

코스는 거리가 길고 난이도가 높은 편. 온평 포구에서 출발해 중산간을 지나는 동안 군데군데 자연스런 야생화 군락을 만나고, 통오름과 독자봉을 지나며 삼나무와 차밭도 만난다. 김영갑 갤러리에서 사진을 감상하고, 무인 찻집에서 잠시 숨을 고르기도 그만. 큰 도로변을 걸으며 따분함을 느낄 때쯤 드넓은 신풍신천바다목장에 도착해 가슴이 탁 트이고, 그 길은 표선 해변으로 이어진다.

3코스의 종점이자 4코스의 시작점인, 하얀 모래사장이 일품인 표선해수욕장 주변은 제주민속촌이 있는 관광지로 매우 번화한 곳이었다. 분위기 있는 카페에서 진한 에스프레소 한 잔에 수첩 정리와 하루 일정을 돌아보는 여유를 갖고, 제주공항이 가까운 찜질방으로 가기 위해 다시 신발 끈을 조였다.

제주민속촌 버스정류장에서 시계와 노선표를 번갈아가며 두리번거리고 있을 때, 옆에 서있던 중년의 신사가 매시 45분에 출발하는 버스는 산굼부리를 경유한다고 말해주었다. 종점은 역시 시외버스터미널이니 문제가 없을 것이라는 말도 함께. 낯선 방문객이 궁금해 하는 점을 미리 알고 안내를 해주니, 절로 감사의 고개가 숙여졌다.

길을 묻는 사람에게 짧고 퉁명한 한마디나 고갯짓보다 이웃사촌 같은 정감어린 말이 얼마나 가슴을 따뜻하게 하는지. 국제도시의 위상은 결코 멀고 높은 곳에 있는 것이 아니라, 시민들의 마음에 녹아 있었다. 여행을 '길 위의 학교'라고 표현한 것도 바로 이런 이유에서 나온 말이 아닌가 한다. 완주의 성취감과 자연을 벗 삼아 한층 마음이 여유로워지는 느긋함 같은 것.

올레길 걷기, 5년 차. 매번 느끼는 것은, 오자마자 또 다음 여행을 계획하게 된다는 것이다.

* 대구신문 달구벌아침 (2015.6.9.)

생활 속 물 절약, 아끼는 것도 문화로 성숙돼야

요즘 언론을 통해 문화에 대한 이야기를 자주 접하고 있다. 중동호흡기증후군(메르스; Mers)에 대한 과도한 공포로 사회 분위기가 가라앉고, 경제활동마저 침체되고 있는 어려운 난관을 극복하기 위한 전문가들의 절실한 당부이기도 하다.

손 씻기 문화, 공공의 이익을 위해 격려하고 배려하는 문화, 감사할 줄 아는 문화가 앞서야 한다는 것이다. 이곳저곳 병원을 찾아다니는 의료쇼핑이나 가족간병과 병문안 등도 상황에 따라 자제할 수 있는 문화가 조성되어야 한다고 호소하고 있다.

특히 최전선에서 수고하는 의료진의 가족에게 엘리베이터를 타지 못하게 외면하거나 수업에 참여하지 못하도록 차가운 시선을 보내는 등 불이익을 주는 처사는 안타까움을 넘어 걱정스러운 것이 사실이다. 심지어 자가(自家) 격리 대상자가 아이들에게 '집에 아버지가 계신다는 말을, 절대로 하지 말라'며 조심을 시켜야 할 정도라니, 이 무슨 일인가.

이참에 필자에게도 지역사회에 자리 잡은 문화에 대해 느낀 바가 있어, 그 사례를 들어보고자 한다.

일전에 중국을 다녀올 기회가 있었다. 중국의 서북쪽, 옛날 서양과 동양의 다리 역할을 했던 실크로드의 요충지 우루무치에서 유원으로 가는 고속열차 CRH를 타기 위해 역 대합실에서 시간을 보내던 중이었다.

대합실에는 수많은 사람이 어디론가 떠나고, 돌아오기를 반복하고 있었다. 신기한 것은, 남녀노소를 불문하고 작은 물통을 들고 다니는 모습을 종종 볼 수 있었던 점이었다. 제복 차림의 여성이, 작은 수레에 녹차가 우려진 유리로 된 주전자와 보온물통을 싣고 다니는 모습도 보였다. 차茶를 팔러 다니는 줄 알고 관심을 보이지 않았다가, 잠시 후 누구에게나 무료로 제공하는 것임을 눈치로 알게 되었다.

때마침 물이 필요한 일행이 여성을 불렀다. 말이 통하지 않으니, 몸짓으로 물을 달라고 요청해보았다. 여성은 반갑게 웃으며 주전자를 들고, 컵을 내놓으라고 했다. 컵이 없다며 빈 손바닥만 보이자, 매우 난감한 표정이었다. 분위기를 파악한 필자가 들고 있던 페트PET병의 물을 마시고 빈병을 내밀었더니, 그제야 활짝 웃으며 한 병 가득 물을 채워주었다.

2014년 말에 개통했다는 중국 서부개발 중점공정으로 운행거리 1,776㎞의 세계에서 가장 길다는 고속열차에는, 승무원이 수시로 드나들며 무언가 체크를 하고는 했다. 또 다른 승무원은 주기적으로 대걸레를 밀며 바닥 닦기를 반복하는 것이 얼마나 인상적이었는지.

자리를 옮길 때 빠짐없이 자신의 물병을 챙기는 사람들이 예사로 보이지 않았다. 공중화장실에도 휴지가 걸려있는 곳을 보지 못했다. 자기가 사용할 물건은 스스로 챙겨야한다는 것이 이미 문화로 자리를 잡은 것 같았다. 작은 것에도 부끄러움이 앞섰던 데는, 오래전 유럽에서 공중화장실 사용 때마다 요금을 물었던 기억도 한몫했다.

우리처럼 물이나 전기, 휴지를 마음 놓고 펑펑 사용하는 나라가 또 있을까? 그런데 문제가 생겼다. 124년 만의 극심한 가뭄으로 논바닥은 갈라지고, 밭작물은 아예 자라기도 전에 말라버리고, 농사를 짓는 사람들의 가슴은 타들어가고 있다.

지구온난화로 기상 상황이 달라지고 있기 때문이다. 더위는 빨라졌고, 비는 내리지 않고 있다. 때 이른 더위에 야생 진드기 같은 곤충도 번식해 야외활동에 주의를 경고하고 있으니, 생활이 더욱 힘들어졌다.

우리나라가 물 부족 국가라는 것은, 1인당 연간 사

용가능한 물의 양이 세계 평균의 17.4%에 지나지 않는다는 것이다. 강수량에 비해 인구밀도가 월등하게 높은 까닭이다. 가뭄이 계속되면서, 일부 산간이나 도서 지역에는 비상급수 체제가 실시되고 있다. 답답한 마음에 기우제를 지내보기도 하지만, 사람의 힘으로 가뭄을 이겨낼 수 있는 방법은 물을 아끼는 것뿐이다.

하루 10% 물 절약으로, 일 년이면 팔당댐 2개를 만들 수 있다고 한다. 혼란에 휩싸인 메르스 극복도, 소중한 자원을 절약하는 것도 건전한 시민의식과 사회문화가 단단하게 자리를 잡을 때 가능한 일이다. 열 마디 말보다, 한 사람 한 사람의 실천이 중요하다.

* 대구신문 달구벌아침 (2015.6.25.)

영화 '연평해전'을 관람하고

모처럼 영화를 관람했다. 6월 29일, 제2연평해전 13주기가 되던 날이었다. 개봉 닷새 만에 백만 관객을 훌쩍 넘었다는 광고보다는, 온몸으로 나라를 지킨 젊은 병사들의 희생을 잘 알지 못했던 부끄러움이 영화관으로 발길을 옮기게 했다.

연평해전. 국민들은 누구라 할 것 없이, 2002년 한일 월드컵으로 들떠 있을 즈음. 북한이 북방한계선 NLL, Northern limit line을 기습 공격해옴으로써, 우리의 젊은 해군 6명이 희생을 당한 피의 전투였다. 영화는

13년 전 연평해전이라는 실화를 바탕으로 재구성하였으며, NLL을 배경으로 130분간 상영된다.

도입부에서는, 월드컵 대회에서 우리 선수들이 골을 넣고 환호하는 장면을 비롯하여 열광하는 국민들의 함성과 바다를 지키는 해군들의 병영생활이 번갈아가며 클로즈업 된다. 해군함정 참수리 357호의 정장 윤영하 대위가 27명의 대원을 이끌며, 여러 차례 비상대비태세를 점검하는 장면에서는 고개가 크게 끄덕여졌다. 초시계를 확인해가며, 매사에 그렇게 철저하게 대비해야 한다는 데 공감이 갔기 때문이다.

해군 병사들의 드라마틱한 함정 생활에 잠깐씩 웃음이 나기도 했다. 정장의 당당한 리더십도 돋보였다. 외강내유外剛內柔라고 할까. 겉으로 전혀 내색하지 않고, 말없이 동료들의 어려움을 간파하고 화합해가는 모습에 부드러운 인간미가 느껴졌다. 조타장과 위생병 간의 남다른 동료애도 감동적이었다. 하지만 NLL을 침범하기 위해 은밀한 모의를 꾸미는 북한의 계략이 시작되면서부터, 서서히 긴장의 어깨가 무거워졌다.

2002년 6월 29일, 월드컵 3·4위전 경기가 열리던 날 아침. 북한의 경비정 중형 1척과 대형 1척이 연평도 7마일 해상에서 NLL을 침범했다. 남북이 대립한 긴박한 상황을 실제와 같이 묘사한 장면 앞에서는, 국민의 한사람으로서 주먹이 불끈 쥐어졌다. NLL 침범을 눈앞에 보면서도 공격을 시도하지 못했던 것은 참으로 안타까운 대목이 아닐 수 없었다. 선제사격 금지라는 명령이 있었으니 말이다.

북한 경비정이 우리의 참수리 357호에 선제공격을 함으로써, 전투는 시작됐다. 이후 주변에서 경비를 하던 초계함과 고속정 등이 교전에 가담하여 집중포격을 가한 결과, 북한의 경비정은 사상자를 내고 화염에 휩싸인 채 돌아갔다. 이로써 30여 분간의 교전 끝에 우리 해군은 NLL을 지키고, 제2연평해전은 끝이 났다. 6명의 승조원들이 목숨을 잃고, 19명이라는 많은 부상자를 남긴 채로…….

눈을 감는 순간까지도 자신보다 동료들의 안전과

나라를 지키기 위해, 최선을 다한 젊은 병사들의 헌신적인 희생에 감동의 눈물이 주르륵 흘렀다. 영화가 끝나고, 실제 살아남은 동료들의 인터뷰 화면과 제작관계자들의 이름이 모두 자막으로 처리되고 스크린이 어두워질 때까지 관객들은 자리에서 일어나지 못하고 침을 삼키고 있었다.

'내 아들도 저런 상황에 처한다면, 과연 저럴 수 있을까' 싶은 마음은 영화를 관람하는 내내 가슴을 옥죄었다. 갓 스무 살이 된 아들 녀석이 체중관리를 제대로 하지 못해 징병(신체)검사에서 4등급을 받고, 불시 재검사를 받기위해 대기 중인 터라 더욱 마음이 아릿했다.

이제라도 희생자들의 이름을 딴 고속함정이 건조되고, 그들의 정신을 추모하는 것은 다행한 일이다. 또, 북한의 도발을 목숨으로 막아내고도 법적 규정의 미비로 순직으로 처리된 희생자들을 전사자로 격상하는 특별법을 추진한다는 정계의 움직임에, 늦었지만 지금이라도 바로잡는 것이 너무나 당연한 처사라는 믿음에 안도의 한숨을 쉰다.

월드컵 4강이 가져다 준 부푼 희망과 응원의 열기로, 그날의 희생이 조금은 묽어졌던 것도 사실이다. 하지만 영화를 통해, 다시금 그 기억을 되새겨볼 수 있었음에 감사함을 느낀다. 북에서는 지금도 호시탐탐 기회를 엿보고 있다는 사실을, 우리는 한시도 잊지 말아야 할 것이다.

다시 한 번, 마음에 새겨본다.

정장 윤영하 소령, 조타장 한상국 중사, 병기사 조천형 중사, 병기사 황도현 중사, 내연사 서후원 중사, 의무병 박동혁 병장의 거룩한 이름을.

* 대구신문 달구벌아침 (2015.7.3.)

아파트 분양 시장, 뜨거운 현장에서

직장 근처에 모델하우스가 여럿 있다. 건설을 계획 중이거나 시공을 앞둔 아파트 또는 오피스텔 등에 대해 유리한 입지조건과 분양 시 혜택을 내세운 대략적인 배치도와 모델을 미리 공개하여, 수요자로 하여금 많은 분양 신청과 계약을 이끌어내기 위한 유인 수단이다.

모델하우스가 문을 여는 날, 주변 일대는 현장을 보지 않고는 표현이 어려울 만큼 북새통을 이룬다. 길게 늘어선 3단 화환과 불법 주차된 차량과 수많은 인파와 어지러이 나부끼는 전단지. 끝이 보이지 않도록 줄을 선 사람들 중에는 실수요자보다 훨씬 많은 투기꾼과 분양 신청을 할 수 있는 딱지를 받기 위해 일당을 받고 고용된 사람과 분양권 전매를 부추기는 중개업자들도 많다니, 그럴 수밖에.

작년에 이어 올해도 아파트 분양 열기가 식을 줄 모르고 달아오르는 것은, 그럴만한 이유가 있다고 한다. 은행 금리가 사상 최저치로 떨어지고, 금융자산이 시세차익을 누릴 수 있는 부동산 상품으로 방향을 돌렸기 때문이라는 것이다. 거기다 중도금 무이자 등 유인책이, 가진 돈이 없어도 분양시장에 뛰어들 수 있는 투기 바람을 더욱 조장하는 것은 아닌지 모르겠다.

대출금을 갚아야하는 부담보다 피프리미엄; premium 또는 아파트 값 상승폭이 훨씬 크다는데, 무슨 말을 하겠는가. 관심 있는 사람들은 모델하우스가 들어서기 훨씬 전부터 어디에 어떤 아파트가 입지할 예정이며, 입주 시기와 분양가가 얼마쯤인지도 미리 예상하고 있다니, 대단하다 싶다.

집이 있는 사람이 또 집을 찾고, 분양권을 가진 사람들이 또 다른 분양권을 갖기 위해 관심의 촉각을 곤두세우는 것을 보면, 부익부富益富 빈익빈貧益貧이라는 말이 실감이 난다.

봉급생활자가 저축으로 아파트를 장만하거나 평수를 늘리기는 쉽지 않은 일이다. 하지만 분양권을 몇 차례 굴리거나 전매만 잘 해도 아파트 불리기는 일도 아니라는 인식이 수요자들의 뇌리에 자리 잡고 있으니, 그것도 문제다. 거기다 시세차익을 위해 던져놓은 아파트 값이 하늘 높은 줄 모르고 오르면 오를수록 더욱 신명이 나니, 그 재미가 얼마나 달콤할까.

필자의 나이 예순에 가깝도록, 스무 평 남짓 아파트에 사는 것을 우스워하는 사람들이 있다. 나이와 경력과 아파트 면적이 비례해야 된다고 생각했다면, 필자도 다른 방법을 찾았을까? 하지만 아직 가족 수에 비해 아파트가 좁거나 불편하다는 느낌은 갖지 못하고 있다. 다만, 아파트를 늘릴 수 있는 쉬운 방법이 있는데도 활용을 할 줄 모르는 '융통성 없는 바보'라는 말이 아주 잘못된 표현은 아닐 수도 있겠다는 생각이 드는 것은 사실이다.

선출직이나 임명직 등 고위직 인사들의 청문회 현장을 상기해보자. 기본적인 구색처럼 단골로 등장하는 내용이 부동산 투기와 자산 과다증식, 탈세 등 주로 재산과 관련된 일이 아니던가. 하지만 그 정도는 애교로 봐줄 수도 있을 만큼 '송구스럽다'거나 '잘 알지 못했다'는 등 몇 마디 변명이나 핑계로 그 순간만 넘기면 그만이니, 누군들 투기를 어려워하겠는가. 오히려 못하는 사람이 잘못이라는 인식이 팽배한데.

피premium가 오른다는 것은 아파트 값을 수요자 스스로 올린다는 뜻이 아닌가. 아울러 분양권은 몇 개를 가져도 주택이 아니라는 점에서 규제를 받지 않는다니, 정말 아파트가 필요한 실수요자 입장에서는 경쟁률만 높아지는 억울한 면도 없지는 않을 것 같다.

조세의 형평성 차원에서도 문제가 있다고 본다.

봉급생활자의 연봉에 버금가는 금액을, 분양권 하나 잘 받아 피premium를 챙기면 쉽고 깔끔하기는 두말할 필요가 없다.

땀의 대가인 근로소득에는 원천적으로 근로소득세 징수를 하는 반면 몇 천 만원이 오가는 웃돈에 대해서는 일정 부분 세금을 물지 않는 뒷거래도 성행하고 있다니, 직장인에게서는 절로 한숨이…….

혹자는 그런 것이 바로 경제 원리이며, 질서라고 주장한다. 억울하면 분양권을 받으면 될 것 아니냐고. 또 분양권을 받기 위해 남다른 노력과 관심을 기울여본 적이 있느냐고 따진다면, 딱히 할 말이 없기는 마찬가지다.

아파트 분양 시장, 정말 이래도 괜찮은 것일까?

* 대구신문 달구벌아침 (2016.7.14.)

노인의 기준에 대한 소견

주말의 한낮, 외출을 위해 가벼운 점심을 준비하던 중이었다. 식탁 바로 위 천정의 스피커에서 몇 차례 찍찍거리는 소음이 나는가 싶더니, 공지사항을 알리는 방송이 들리기 시작했다. 아파트 관리사무소였다. 복날을 맞이하여 정성껏 음식을 마련하였으니, 65세 이상 어르신께서는 12시까지 경로당으로 나와 달라는 내용이었다. 방송은 두 번이나 연거푸 또박또박 이어졌다.

순간, 평수는 작고 오래됐지만 어른을 공경할 줄

아는 참으로 인정스러운 아파트라는 생각에 흐뭇한 미소가 번졌다. 그러면서도 마음속 깊은 곳에 한줄기 헛헛함이 감돌았으니, 이를 무어라 표현해야 할지 모르겠다. '65세 이상의 어르신'이라는 말이 소화불량에 걸린 듯 가슴을 짓눌렀다. 5년 후에는 나도 노인의 대열에 끼여 경로당에 앉아서 정성껏 차린 음식을 대접 받아야 하는가 싶어서였다.

의료기술을 비롯한 과학이 나날이 발전하고, 평균 수명은 길어지고 있다. 백세시대라는 표현이 전혀 낯설지 않은 마당에, 65세의 나이에 가만히 앉아서 대접을 받기는 너무 빠른 것이 아닐까. 아직 해야 할 일과 하고 싶은 일이 얼마나 많은데……. 오히려 직접 음식을 준비해서 누군가에게 대접을 할 수도 있는, 손맛이 무르익은 그런 나이가 아닌가 말이다.

'인생은 육십부터'라는 말이 더욱 새삼스럽게 다가온다. 직장에서 물러나, 비로소 무언가 자신이 하고 싶었던 일을 찾아서 할 수 있는 때가 된 것이다. 의무감이라는 굴레에서 벗어나 공허한 마음을 채우거나, 즐길 수 있는 기회가 왔다는 뜻이기도 하다.

필자도 이제 퇴직을 1년여 앞두고 퇴직 이후 무엇을 하며 어떻게 시간을 보낼 것인지에 마음이 분주하다. 평생교육원이나 문화센터 등 가까운 교육기관에 다양한 과정이 개설되어 있음을 알고, 선택의 즐거움에 콧노래를 부르기도 한다. 취미반도 있고, 자격증 취득반도 있다. 앞으로도 여러 가지 취미활동을 하고, 자격증도 활용할 수 있겠다는 생각에 기대 또한 큰 것이 사실이다. 그런데 겨우 5년을 지나 노인 취급을 받는다면, 스스로 활동할 수 있는 기간이 너무 짧은 것이 아닌가. 노인의 기준이 현실적으로 조정이 되면 좋겠다는 생각이 굴뚝 같이 솟아올라, 가슴 한편에 자리를 잡았다. 개인의 건강이나 사회활동 등 상황에 따른 차이를 인정하더라도, 일정부분 조정은 불가피하다는 것이 필자의 소견이다.

달포 전, 대한노인회가 정기이사회를 열어 노인연령을 상향 조정해야 한다는 안건을 만장일치로 통과시켰다고 했다. 더불어 노인의 연령 기준을 현행 65

세에서 70세로 높이는 방안을 공론화하겠다는 발표도 있었다. 현실을 반영한 진일보한 대응이라는 뜻에서 환영의 박수를 쳤다. 노인의 연령기준 상향에 대한 사회적 인식에 심정적인 공감대가 이루어지고 있다고 느꼈기 때문이다. 하지만, 노인의 연령을 어느 시기에 일률적으로 조정을 하기에는 적지 않은 부담이 있을 것으로 예상된다. 기초노령연금이나 교통비 지원, 조세감면이나 의료비 등 복지문제와 연계된 반발과 혼란이 무엇보다 클 것이다. 청년 일자리 또한 함께 고민해야 할 과제다. 그러나 당사자를 중심으로 충분한 공감이 형성되고, 사회적 합의와 적응단계를 거쳐 점진적으로 조정을 해나간다면 아주 불가능한 일은 아닐 것이라 본다.

다른 한편으로는 이런 제안도 한번쯤 해보고 싶다. 사회적 나이를 넘어 육체적 · 정신적 나이도 빼놓을 수 없는 중요한 요소다. 노인의 기준을 연령으로만 한정할 것이 아니라 건강과 사회활동 정도 또는 특정 분야의 재능 등을 고려한 복합적인 기준을 적용하는 것은 어떨까? 또는 일정기간만이라도 당사자가 자율적으로 선택할 수 있기를 바란다면, 말도 안 되는 우스운 일일까? 세월이 참 빠르다고 느낀 것이 불과 몇 년 전 일이다. 남은 시간이 차츰 줄어든다는 사실에, 마음이 조금씩 바빠지고 있는 것이다.

아직 늙지 않은 60대, 젊음은 가고 청춘은 시작된다고 했던가. 어떤 단체에서 60세 이상의 퇴직자들에게 설문조사를 한 결과 '노인 소리를 듣는 것'이 가장 싫었다는 반응이 그저 남의 일만은 아니라는 생각에, 마음 한구석 잔잔한 파도가 출렁인다.

* 대구신문 달구벌아침 (2015.8.6.)

정부3.0 홈페이지에 들어가 보니

늦게 찾아온 장마와 심한 일교차로 7월 중순까지만 해도 이 정도면 견딜만하다며 제법 여유를 부렸다. 중국이나 일본에서 일주일 이상 40도를 웃도는 낮 기온에 열사병으로 쓰러지는 환자가 속출했다는 소식에도, 그저 이웃나라의 일이러니 생각을 했다.

그런데 우리나라에도 장마가 끝나기 무섭게 기다렸다는 듯 기습적으로 찾아온 폭염과 열대야로 열사병 환자가 발생하고, 폐사한 가축이 증가하고 있다니 걱정이 앞서지 않을 수 없다. 숙면을 취하지 못한 직장인들도, 어깨가 처지고 입에서는 절로 단내가 난다.

올여름, 더위로 지친 몸과 마음을 달래줄 휴가는 어디로 가면 좋을까.

여든여덟, 미수米壽를 맞이하신 친정엄마의 생신을 기해 친지들이 한자리에 모이기로 했다. 휴가를 겸해 그 기간 중 가까운 곳에서 문화행사라도 있으면 참여해야겠다고 생각을 하니, 마음이 바빠졌다.

정보 수집을 위해 인터넷 검색을 해보았다. 여러 경로를 통해 자료를 찾던 중 정부3.0 홈페이지(www.gov30.go.kr)에 들어가게 되었다. 국가기관에서 운영하는 홈페이지라 대부분이 정책홍보 위주의 내용일 것이라는 선입견에, 필요한 정보가 있을까 고개를 갸웃거렸다. 그런데, 의외로 자료가 많았다. 부처별 정보공개와 데이터 개방, 민·관 협치協治, 맞춤형 서비스 관련 내용과 정보 활용사례, 의견을 듣는 코너도 보였다.

필자가 원하는 것은, 국내여행을 쉽고 간편하게

갈 수 있는 맞춤형 정보였다. '생활 속 정부3.0' 메뉴의 '알면 도움 되는 정부3.0'을 클릭해보았다. 처음부터 쉽게 찾은 것은 아니었지만, 몇 단계를 지나 찾던 자료가 눈앞에 나타났다. 휴가철에 유용한 생활정보 중 문화체육관광부와 한국관광공사가 함께 하는 여름철 국내관광 캠페인 사이트(http://summer.visitkorea.or.kr)로 연결이 됐다.

그중에도 '알뜰여행코스'와 '알뜰여행정보'에 대해 찾아보았다. 알뜰여행코스에는 도보여행, 지하철여행, 철도여행이 권역별로 정리가 되어있었고, 알뜰여행정보에는 할인정보와 무료관광지, 무료공연 내용이 상세보기로 자세히 알아볼 수 있도록 안내가 되어있었다.

무료라는 단어가 얼마나 매력적인가. 친정이 있는 광안리해수욕장에서, <제4회 부산 Sea & Jazz 페스티벌>이라. 마침 친지들이 모이기로 한 날짜와 장소에서 재즈공연까지, 사막에서 오아시스를 만난 듯 반가웠다. 다음 날은 지하철과 버스를 이용해 태종대와

남포동 일대를 누비는 알뜰여행을 해보자며 아들과 새끼손가락을 걸었다.

그 밖에도 '알면 도움되는 정부3.0' 코너에서는 환경부 생태관광 홈페이지(www.eco-tour.kr)나 국립공원 홈페이지(www.knps.or.kr)와도 연결을 할 수 있다.

아는 만큼 보인다고 했던가. 정보를 아는 것과 모르는 것의 차이는 생각보다 크다. 여행을 할 때나 유적지 답사를 할 때 또는 영화나 뮤지컬 등 공연을 감상할 때도 기초 자료나 사전지식을 갖고 있다면, 이해도 빠르고 시간도 훨씬 절약된다는 사실을 느낄 수 있을 것이다.

정부3.0이란, 공공정보를 적극적으로 개방하고 공유하며, 부처 간 칸막이를 없애 소통하고 협력함으로써, 국민 맞춤형 서비스를 제공하고, 동시에 일자리 창출과 창조경제를 지원하는 새로운 정부운영 패러다임이다. 관광 정보뿐 아니라, 생활과 직·간접적으로 관련이 있는 방대한 양의 정보가 담긴 정부3.0 홈페이지를 이용해보자. 정부3.0의 이념이나 취지를 모른다 해도, 자료를 활용하는 것만으로도 효과는 충분하다.

정보공개에는 환경 관련 자료도 있다. 화학물질 정보와 배출량 등 결과를 제공하는 '화학물질 배출·이동량PRTR 정보시스템(ncis.nier.go.kr/tri)', 물 환경평가와 상세자료 검색이 가능한 '물 환경정보시스템(www.nier.go.kr)', 환경정보공개제도 안내와 환경정보 등록·검증·공개에 대한 '환경정보공개 검증시스템(www.env-info.kr)' 등이 그것이다.

올여름 최고의 나라 사랑은 국내여행을 하는 것이라 한다. 그렇다면 필자는 정부3.0 맞춤형 서비스 정보를 이용해 나라 사랑도 하고, 휴가 일정에 맞춰 무료로 공연도 감상하는 일석삼조의 효과를 누리는 것이 아닌가.

* 대구신문 달구벌아침 (2015.8.11)

백화점 할인권

태풍의 영향으로 이틀 연속 비가 내리고, 바람이 창을 세차게 두들기던 주말의 한낮이었다. 하루를 어떻게 보낼까 궁리를 하던 중 친구에게서 받은 백화점 할인권이 떠올랐다. 잠깐의 망설임도 없이, 외출을 서둘렀다.

대중교통을 이용하기 위해, 우산을 들고 버스를 기다리는 시간도 지루하지 않았다. 한참이나 기다려 버스를 타고, 지하철을 타고, 일정 구간을 걸어서 시내 한복판에 자리 잡은 백화점으로 갔다. 공짜로 생

긴 할인권에 가슴이 부풀어, 발걸음은 맑은 날이나 진배없이 가벼웠다.

태풍으로 인해 손님이 많지 않을 것이라는 예상과는 달리 사람들은 아무 일 없는 듯 태연하게 쇼핑을 하고 있었다. 평소 백화점보다는 동네 옷가게를 자주 이용한 터라, 상품에 붙은 가격표에 약간은 움찔하기도 했다. 하지만, VIP회원 할인권이 지갑을 지키고 있으니 얼마나 든든한가. 사용기간이 한정된 데다 '더-세일the-SAIL' 기간이라고 하니, 마침 잘 왔다 싶어 더욱 기분이 좋았다.

에스컬레이터를 이용해 제일 높은 곳부터 차례대로 층별 상품의 종류를 확인했다. 그러다가 블루진을 주로 취급하는 매장의 진열대 앞에서 눈과 발이 동시에 멈춰졌다. 마음에 그리던 청바지를 만났던 것이다. 빠른 셈으로 할인율을 적용해본 금액은, 크게 예상을 벗어나지 않았다.

피팅룸fitting room에서 옷을 입어보고, 앉았다 섰다 움직여보기도 했다. 몇 차례 더 입어보고, 흔하지 않은 색상과 뒷부분의 장식이 독특한 디자인의 바지를 구입하기로 했다. 작은 키에 맞도록 길이를 표시하고, 조금은 까다로운 봉제 과정을 문의한 뒤 수선도 맡겼다. 덤으로, 함께 입으면 잘 어울릴 것 같은 티셔츠를 고를 때는 흥얼흥얼 콧노래까지 따라 나왔다.

계산대 앞에서, 비스듬히 다리를 꼰 채 지갑 속에 고이 넣어두었던 할인권을 꺼냈다. 앗, 그런데! 종업원에게 신용카드와 함께 건네려던 할인권을 무심코 들여다본 순간, 다시 동공을 키우지 않을 수 없었다. 할인권의 점선 왼편에 인쇄된 작은 글씨를 미처 읽어보지 못했던 것이다.

'NO-SAIL, 단일브랜드 30만 원 이상 구매 시 사용 가능'이라는 글자가 왜 그제야 눈에 들어왔을까.

뒤통수를 한 대 얻어맞은 것 같아 슬며시 화가 났다. 세일 기간에, NO-SAIL 제품이라. 얼마 되지도 않는 할인권으로 제대로 농락을 당한 것 같은 느낌마저 들었다. 자신은 약속이 있어 갈 수 없으니, 기간을 놓치지 말고 꼭 사용하라며 할인권을 건네주던 친구

의 환한 얼굴도 떠올랐다.

하는 수없이 전액을 신용카드로 결제를 할 수밖에. 추적추적 비 내리는 날, 우산을 들고 백화점을 찾아간 내막을 종업원에게 하소연할 일은 아니었다. 거기다 이미 가위에 잘려 재봉틀에서 박음질이 되고 있을 상품을 되찾을 수도 없는 노릇이 아닌가. 짧은 시간, 눈앞에는 코믹드라마를 보는 듯 여러 장면이 동시에 스쳐갔다.

우선은 주의사항을 세세히 읽어보지 않은 나에게 잘못이 있었다. 하지만 전적으로 나의 실수를 인정한다 하더라도 기분이 그리 명쾌하지는 못했다. 세일 기간 중 사용 가능한 할인권을 NO-SAIL 제품 구매 시 사용하라니, 이 무슨 어불성설인가.

두 번째는 백화점의 회원 확보를 위한 유인책에 문제가 있는 것 같다. 할인권을 빙자하여 고객을 끌어들이려는 선심성 제스처가 아니라 진정으로 고객을 우대하려는 마음이 있다면, 별표로 둘러싸인 유혹의 문구보다 제한사항을 더욱 분명하게 표시를 해주는 것이 고객을 향한 솔직하고 당당한 표현이 아닐까. 속았다는 허탈감에, 앞으로는 할인권이 든 백화점 우편물을 개봉하기는커녕 봉투째 재활용품 상자로 던져버리면 화풀이가 되려는지…….

한 편의 콩트 같은 우스운 하루가 그렇게 지나갔다.

경험보다 훌륭한 스승은 없다고 했던가. 가벼운 것일수록 세심한 주의가 필요하다는 명제 앞에, 큰 글씨보다 작은 글씨가 더욱 중요하다는 사실을 아프게 실감했다. 질 좋고 두터운 종이로 인쇄된 백화점 홍보물이, 무용지물을 넘어 인쇄비와 우편료만 낭비하는 쓰레기가 되지는 말아야 할 텐데.

* 대구신문 달구벌아침 (2015.8.20.)

현실 같은 영화 영화 같은 현실

7만 원짜리 황금 설사 똥

설사diarrhea란, 변이 무르고 물기가 많은 상태로 배설되는 것을 말한다. 평소 소화기 장애나 약물 작용 등으로 예측을 할 수 있는 경우라면 적당히 대비를 할 수도 있을 것이다. 그러나 장腸에 문제가 생겨 급성으로 오는 설사는 예고 없이 쳐들어오는 폭군이나 다를 게 무엇인가 싶다.

중요한 일이 있거나 이동 중에 설사를 만나면 정말이지 그런 낭패가 없다. 특히 도로 한가운데서 운전을 하는 중에 설사 기미를 느꼈을 때, 그야말로 머

리가 하얗게 되고 만다. 오금이 저리고, 등줄기에는 번갯불 같은 전기가 흐르며, 현기증과 전신에 소름이 끼치는 아찔한 순간이 아닐 수 없다.

며칠 전, 부산 해운대에서 예순을 맞이한 여고 동창들의 모임이 있었다. 워낙 시간을 잘 지키는 친구들이라 약속장소에 미리 도착하는 것은 당연한 일이었다. 그런데 멀리 양산에서 자가용으로 오는 친구 한 명이 도착이 늦어지기에, 지역의 특성상 차가 밀리는 것이려니 생각을 하고 기다렸다.

30분이나 지났을까. 허겁지겁 달려온 친구의 입꼬리에는 알 듯 모를 듯 애매한 웃음보따리가 걸려 있었다. 기다리던 친구 네 명이 고개를 갸우뚱하며 동시에 질문을 했다. 무슨 일이 있었느냐고. 친구는 상기된 얼굴로 폭소를 터뜨리기 시작했다. 한참을 그렇게 소리 내어 웃다가, 차를 몰고 오는 도중 일어났던 한 편의 콩트 같은 이야기를 손짓 발짓을 해가며 실감나게 전했고, 영문을 몰라 의아해하던 친구들은 귀를 쫑긋 세워 관심을 표시했다.

도착을 10여 분 정도 앞둔 지점에서, 배가 사르르 아파오며 갑자기 설사 증상을 느꼈다는 것. 핸들을 잡은 채 안절부절 몸 둘 바를 모르다가, 어쩔 수 없이 도로 가에 주차를 하고 아무 건물에나 뛰어 들어가려고 마음을 먹었다고 한다. 그래 비상등을 켜고 오른쪽 차선에 차를 세우려는데, 자리를 지키고 있던 경찰이 다가와 '거기에 차를 세우면 안 된다'며 제지를 하더라는 것이다. 차창을 내리고 급한 사정을 이야기했더니, 바로 건너편에 경찰서가 있다며 반대 차선의 차들을 모두 세우고 친구의 차를 안전하게 경찰서로 안내해주더라는 것이 아닌가.

친구들은 한 목소리로 그 경찰이 시민의 고충을 해결해주는 민중의 지팡이가 틀림없다며, 고개를 끄덕이고 감사의 손뼉을 쳤다. 그런데 뒷이야기가 더 재미있었다.

자가용들로 빼곡한 주차장 한 쪽에 차를 세우고, 주변을 돌아볼 겨를 없이 다급하게 화장실로 달려갔다는 것이다. 볼 일을 보고나서, 비로소 안도의 미소를 띠고 느긋한 표정으로 걸어 나온 것은 당연한 일. 앗, 그런데! 생각지도 못했던, 주차된 차를 긁고 지나갔다니. 의식은 하지 못했지만, 긁힌 자국이 선명하니 어쩌겠는가. 하는 수 없이, 수리비 7만 원을 송금해주기로 했다는 볼멘소리가 이어졌다.

"세상에, '7만 원짜리 황금 설사 똥'을 눈 것이 아니냐."며 친구들은 배를 잡고 깔깔 웃었다. 실컷 웃고 난 다음에야, 아침에 무엇을 먹었는지 물어보았다. 삶은 계란 두 개와 장운동을 활발하게 해주는 일본식 유산균 '낫또'라는 것을 먹었다고 한다. 역시, 유산균 덩어리를 먹었으니 설사가 날 수밖에 없는 상황이 아니던가. 멀리 이동을 할 때는 절대 장운동을 활발하게 하는 음식은 먹지 말아야겠다며, 우리들의 즐거운 반남이 시작되었다.

이야기 끝에는 친절하게 에스코트를 해준 경찰이 원망스럽다는 불평 아닌 불평도 아니 나올 수가 없었다. 오른쪽 차선에 잠시 주차를 하고, 근처의 건물 화장실로 갔더라면 7만원이라는 거금을 물어야 할 일은 발생하지 않았을 텐데 말이다. '화장실 갈 때 마음 다르고, 올 때 마음 다르다'는 것이 바로 이런 경우를 두고 하는 말이 아니겠느냐며, 우리는 다시 웃었다.

함께 웃을 수 있는 친구를 가졌다는 것이 얼마나 좋은가. 각기 다른 지역에서 살다보니 자주 얼굴을 볼 수는 없지만, 만날 때마다 여과 없이 웃으며 엔도르핀 한 움큼 챙길 수 있으니 정신건강에도 크게 도움이 될 것이다.

다음 만남은 천년고도 경주에서, 문화유적 답사를 하며 의미 있는 시간을 갖기로 했다. 누구에게나 어디서나 있을 수 있는 일, 어디를 가든 군데군데 화장실이 있는 곳도 같이 안내가 되었으면 참 좋겠다는 생각도 가져본다.

* 대구일보 아침논단 (2016.7.7.)

마음의 치유가 필요할 때

살아가면서 잘못을 뉘우치거나 그로 인해 우울함을 느끼는 일은 셀 수 없이 많을 것이다. 하루 한 순간에도 아차 싶은 일이 있고, 시간을 두고 오래도록 쌓인 감정을 통해서도 후회할 일은 부지기수다. 그렇게 얽히고설켜 터질 듯 복삽한 심경을 차분하게 가라앉히는 비결은 어디에 있을까.

달포 전, 뜻하지 않게 남편이 뇌경색으로 병원 신세를 지게 되었다. 오른쪽 팔다리에 힘이 빠져 술 취한 사람처럼 비틀거리고, 말이 어눌해지는 뇌졸중 특유의 증상을 만나 구급차를 타고 종합병원 응급실로 실려 갔다. MRI자기공명영상 촬영 결과, 왼쪽 뇌혈관의 경색이 오른쪽으로 가는 운동신경을 방해하고 있다는 것. 거기다 뇌출혈을 일으킬 수 있는 풍선처럼 부푼 혈관 꽈리까지 발견이 되어, 이중고를 겪게 된 것이다.

나이, 예순이다. 기가 막히고, 한심한 생각에 몹시 화가 났다. 본인의 잘못이나 의지와 상관없이 우연히 닥친 사고나 질병이었다면 환자에 대한 걱정과 배려가 최우선이었을 것이다. 그러나 평소 몸 관리를 등한시한 데 대한 보상이라 싶으니 더욱 울화가 치밀었다.

무슨 이유로 그토록 자신을 돌보지 않았던 것일까. 담배와 술을 자제하지 못하고, 운동이라고는 아예 남의 일로 생각을 했으니. 특히 뇌혈관 질환의 경우 언제 무슨 일이 일어날지 모르는 시한폭탄을 안고 있는 상태로, 24시간 보호자가 붙어 있어야 된다는 병원 측의 요청에 더욱 앞이 꽉 막힌 것 같은 서글픔이 밀려왔다.

어쩔 수 없이, 보호자로서 병원 신세를 면할 수 없는 지경이 되고 말았다. 반사적으로 나의 많은 행동 반경에는 빨간 줄을 긋게 되고, 정규적인 취미활동마저 뒤로 미룰 수밖에 없는 상황이 된 것이다. 병실의 밤은 왜 그리 빨리 찾아오는지. 저녁뉴스를 시청할 시간에 병실의 불이 꺼지고, 약하게 코를 고는 환자의 뒷모습을 보니 공연히 부정적인 상상이 목을 조여 왔다.

이틀이라는 시간이 지나, 단체 카톡cacao talk과 페이스북face book 등으로 가까운 가족과 지인들에게 사실을 알렸다. 갑작스런 소식에 탄식과 위로와 격려가 교차된 반응을 접하며, 비로소 알 수 없는 눈물이 주르륵 흘러내렸나. 길게 늘어진 커튼 아래서 한참을 그렇게 흐느끼고 나니, 막혔던 가슴이 조금은 뚫린 것 같았다고 할까.

있는 그대로 받아들일 걸, 미워하지 말고 좀 잘해 줄 걸, 잘못된 습관을 바꿀 수 있도록 달콤한 유인책이라도 써볼 걸. 원망으로 일관했던 지난 일들이 후회와 반성의 날개를 달고 성난 파도처럼 밀어닥쳤다. 고해성사를 하면 이런 반응이 올까. 원망의 눈물이 반성의 눈물로 뜨거워졌음에 일말의 당혹감도 없지 않았다. 그렇다. 상대적인 것이 인간관계이고 보면, 나의 잘못 또한 컸으리라는 자책감을 갖지 않을 수 없다.

팔다리를 마음대로 움직이지 못하는 당사자의 입장은 얼마나 답답할까. 말로 표현은 하지 못하고 있지만, 일거수일투족 다른 사람의 보호를 받아야하는 남편도 적지 않은 충격 속에서 가족과 친지들에게 아니 자신에게 속죄를 하고 있을 것이라 미루어 짐작한다.

남편은 이제 굳었던 운동신경을 풀어주는 약물치료를 마치고, 부푼 혈관 꽈리가 파열되지 않도록 보조재를 채워주는 시술을 기다리며, 재활치료를 받고 있다. 재활을 위해서는 통상 3~6개월 정도가 소요된다고 한다. 하지만 환자의 의지와 노력에 따라 결과는 훨씬 빨라질 수도 있을 것이라는 설명에 다소 희망적인 기대를 가져본다.

슬픔은 기쁨과 같은 곳에 있다는 말은 생각하기에 따라 슬픔이 기쁨으로, 기쁨이 슬픔으로 바뀔 수도 있다는 뜻이리라. 예기치 못했던 시련을 계기로 좀 더 이해하고, 감싸주며, 건강관리에 대한 새로운 인식의 기회로 삼을 수 있기를 바라는 때늦은 주먹을 쥐어본다. 아울러, 더 나쁜 상황의 구렁텅이로 빠지지 않았음을 감사하게 생각한다.

눈물을 흘리는 것이 가장 훌륭한 힐링healing의 한 방법이라는 말을 들어본 적이 있는지. 애써 슬픔을 견뎌내는 것은 아픈 상처를 더 깊고 크게 할 뿐이다. 마음의 치유가 필요할 때, 진한 눈물을 흘려보자. 소금 같은 눈물과 함께 원망과 회한을 씻어 내리고, 따뜻한 양보와 타협의 길로 다가서보자.

* 대구일보 아침논단 (2016.7.14)

L사장의 특별한 휴가

모두들 어디론가 떠나고 싶어 하는 여름철. 굳이 산으로 들로 알록달록한 옷에 배낭을 메고 떠나야하는 것이 전부는 아닐 것이다. 지친 심신을 달래며, 마음의 위안을 얻는 것. 진정한 휴가는 아마도 그런 것이 아닐까 한다.

병원에서 만난 L사장의 이야기를 들어보자.

사느라고 쉴 여가가 없었다고 한다. 일을 하느라 끼니를 제대로 챙길 새도 없었다고 한다. 다른 곳으로 눈을 돌릴 여유도 없이 그렇게 열심히 살아오다

높은 곳에서 추락하는 사고를 당해 병원으로 오게 되었다는 것이다. 유원지 주변 영업장에서 지인의 일을 돕던 중 사다리가 한쪽으로 기우는 것을 감지하고 재빨리 난간에 매말려 보았으나 역부족이었다고. 다행스럽게 L사장이 입원해 있던 기간 중에는 장마로 인한 잦은 비로 자신의 공백이 그렇게 크지는 않을 것이라는 안도의 모습을 보이기도 했다.

같은 병동에는 연로하신 부모님 간병을 위해 지극정성 몸을 아끼지 않는 아들딸들이 여럿 있었다. 가정과 간병 일을 병행하며 시간을 알뜰하게 활용하는 주부도 있었고, 병상에 누운 아들을 위해 모든 시간을 조율하는 화목한 가정도 있었다. 밖에서는 미처 볼 수 없었던 병원이라는 또 다른 사회를 통해 사람이 살아가는 다양한 모습을 바라볼 수 있게 되었음에, L사장은 고마움을 느낀다고 했다.

탄탄한 몸에 활달하고 사교적인 성격에다 화술이 뛰어난 L사장은 같은 병동의 환자들과 친근감을 느끼는데 긴 시간이 필요하지 않았다. 부기가 빠지기를 기다렸다가 수술을 받고 통증을 심하게 느끼는 시간이 지나자 다시 본연의 활기를 되찾아 가라앉았던 병실의 분위기를 단번에 끌어올리는 기지를 발휘했다. 뿐만 아니라, 그날그날의 느낌이나 생각을 공책에 옮기기도 하는 등 세심한 면도 돋보였다.

퇴원을 하루 앞둔 날 저녁을 먹으며, "세상에서 제일 편하고, 제일 맛있는 밥을 먹게 되었다"며 병상에서의 편안함과 주변의 도움에 감사를 표현했다. 길지 않은 시간, 같은 병실을 사용하는 환자와 보호자들과 주고받은 인간적인 교감에 만감이 교차하는 듯 보였다.

"매일 아침 눈 뜨면 밥이 들어오고, 밥을 먹고 나면 같은 방의 보호자들이 식판을 치워주며, 냉방 걱정할 것 없는 두 주일 동안 정말 행복했다."며 남다른 감회를 드러냈다. 더불어 이것이야말로 자신이 살아오는 동안 '가장 특별한 휴가'가 될 것 같다며, 물끄러미 창밖을 내다보기도 했다. 또한 그 동안 너무 쉬지 않고 일만 해왔다며, 간혹 하늘을 올려다보는 여유를 가져야겠다는 말을 했다.

말이 좋아 그렇지 병원 밥이 집 밥보다 나을 리가 없으며, 아무리 편하다 해도 집보다 나은 병원이 있을까. 대부분의 환자들은 병원 밥이 맛이 없다며 투정을 부리기 일쑤다. 병상에 누워 지내다 보니, 활동량이 적은 만큼 칼로리 소모가 적어 밥맛을 잃게 하는 것이리라. 그러나 휠체어를 타고 여기저기 활보를 하며 잠시도 쉬지 않고 움직이는 L사장에게는 실제로 밥맛이 남다를 수도 있었을 것이다.

L사장은 평생을 두고 처음 경험한 병원 생활을 통해 여러 가지 마음의 위안을 얻게 되었다니, 그보다 값진 휴가가 있을까. 퇴원을 하면서, 언젠가 다시 만나게 되면 쓴 커피라도 한 잔 대접하겠다며 인연의 소중함을 강조했다. 찢고, 빌리고, 꿰맨 미처 아물지 못한 상처 부위의 큰 흔적을 안고 병원을 나서는, L사장의 아쉬움이 주변의 환자와 보호자들의 마음에까지 전해져 콧등이 시큰해졌다.

사람의 마음을 움직이게 하는 방법은 여러 가지가

있겠지만, 같은 공간에서 호흡하고 몸으로 부대끼면서 느낀 진솔함보다 더 큰 것이 있을까. 여러 명이 함께 사용하는 병실에서 적지 않은 불편에도 웃을 수 있는 여유와 몸에 밴 쾌활함과 구수한 입담과 음료수 한 병, 사탕 한 알이라도 나누려는 인정스러움에, L사장의 원하지 않았던 휴가가 참으로 행복했을 것 같은 착각마저 들게 했다. 아니, 가식이 없는 L사장이라면 실제로 행복했을 것이라 믿는다.

'세상만사 모든 일이 마음먹기 달렸다'는 노랫말처럼, L사장이 남기고 떠난 긍정의 바이러스가 병동 곳곳을 누비며 한참이나 오래도록 그를 생각나게 할 것 같다.

* 대구일보 아침논단 (2016.7.21.)

전시장 관람 소회

키 큰 배롱나무, 붉게 영근 꽃무리가 활짝 웃었다. 나도 따라 웃었다. 아침 공기를 마시며, 대구문화예술회관 주변을 산책하기로 했다. 건물 벽에는 각종 전시와 공연을 알리는 현수막이 나부끼고, 건강을 위해 걷거나 뛰는 사람들의 발걸음과 표정이 매우 가볍고 여유가 있어 보였다. 함께 걸어보기로 했다. 땀이 배는가 싶으면 나무그늘에서 쉬고, 바람 한줄기 스쳐 지나고 나면 다시 걸었다.

전시장이 문을 여는 시간을 기다려 '원로작가 회고

전'과 '제9회 대한민국 죽농 서화대전' 작품 감상을 했다. 앞의 것은 세 분 원로작가의 조각과 사진과 판화 작품이었으며, 뒤의 것은 제9회 서화대전 입상작과 초대작가의 작품이었다. 눈길을 사로잡는 작품들 앞에서 한참이나 오래도록 서 있는 것이 좋았다. 같은 풍경을 두고 어떻게 저런 사진이 나올 수 있을까. 붓과 먹만으로도 저토록 생동감 넘치는 글과 그림이 나오다니.

하지만 작품이란 붓이나 먹, 물감, 카메라 등 재료나 도구만으로 되는 것이 아니다. 타고난 감각과 재능만으로 가능한 것도 아니다. 한 획 한 획 그을 때마다 흘린 수많은 땀방울과 영감과 내면으로부터 쌓아올린 수양이 합쳐지지 않으면 작품이 만들어질 수 없는 것이다. 사진이나 조각, 판화도 마찬가지다. 얼마나 많은 고뇌의 시간과 노력과 시행착오를 겪었을까.

감상을 하는 입장에서야 작가들의 잠재된 역량과 뼈를 깎는 아픔을 통해 탄생된 작품 앞에서 눈길 닿

는 데로 편안하게 즐기고, 마음 가는 대로 느낌이나 비평을 말할 수도 있으니 얼마나 즐거운가. 또 내용을 모두 이해하지는 못하더라도 작품을 통해 작가의 독특한 표현 방식을 접할 수 있으니, 그 또한 고마운 일이 아닌가.

아쉬운 점이 있었다면, 무료로 운영되는 전시장이 너무 한산하다는 것이었다. 작은 기침 소리에도 신경을 써야 했으니, 일전에 서울 예술의 전당을 다녀온 기억이 겹치면서 여러 가지 비교를 하지 않을 수 없었다.

연중 서너 차례 그림을 사랑하는 사람들이, 전시회 관람을 위해 버스 대절을 하여 서울 예술의 전당이나 국립박물관 등으로 나들이를 간다. 갈 때마다 느끼는 것은 관람객이 너무 많다는 것이었다. 작품 앞에서 우르르 줄을 서는 것은 기본이고, 어깨가 부딪히기도 예사다. 오죽했으면, 요일별로 또는 시간대별로 인원수를 제한했으면 좋겠다는 생각을 했을까. 특히 어린 학생들이 수첩에 메모를 해가며 작품을 감상하는 모습이 또 하나의 풍경을 보는 것 같은 재미가 있었다. 전시장 밖에서도 무리를 지어 작품을 해설하는 선생님과 학생들이 머리를 맞대고 공부하는 모습은 부럽기까지 했다.

하긴 대구라고 모든 전시장이 한산하다는 것은 아니다. 유독, 무료로 전시되는 작품 앞에서는 왜 그렇게 작품수보다 적은 관람객이 서성이는지. 길게 늘어선 화환의 수보다 적은 관람객이 자꾸 뒤를 돌아보며 쭈뼛거리게 되는지. 몇 년 전, 직장 근처에 아트피아가 있어 점심시간을 이용해 작품 관람을 자주 했던 기억도 있다. 아파트와 주택가가 밀집한 주거지역 인근에 위치해있으며 무료 전시가 대부분이었건만, 역시 관람객이 많지 않았다.

대구문화예술회관을 들어서는 입구에는 '문화예술도시 대구'라는 큼직한 표지판이 있다. 표지판은 문화예술의 도시에 대한 설명이 자랑스럽게 적혀있으며, '대구는 전국에서 첫손가락 꼽히는 예술 인프라 · 예술혼의 도시'라는 내용으로 마무리를 하고 있다.

대구가 정말 '문화예술의 도시'가 맞는지 체감으로 쉽게 다가오지 못하는 것은, 예술인은 많아도 예술을 사랑하는 사람이 그렇게 많은 것 같지 않기 때문이다. 남녀노소 누구나 자연스럽게 전시장으로 발길을 옮길 수 있으면 좋겠다. 전시장이 청춘남녀의 데이트 코스가 되고, 가족나들이 장소로 활용되며, 어린 학생들이 학습의 장소로 인식하게 될 때, 문화예술의 도시는 저절로 꽃이 피게 될 것이다.

가슴이 뻥 뚫린 듯 공허함을 느낄 때, 전시장을 찾아보자. 무료한 시간을 풍성하게 채울 수 있고, 그림이나 사진 등 작품을 감상하다보면 홀연히 떠오르는 느낌이 있어 정신적 비타민으로 작용하기도 한다. 폭염으로 불쾌지수가 높을 때도 냉방장치가 잘 된 전시장을 한 바퀴 둘러보는 것은 어떨까.

* 대구일보 아침논단 (2016.7.28.)

공원 벤치에 버린 양심

아침 산책을 즐기고 있다. 폭염과 열대야로 불쾌지수가 높아지는 여름철, 건강한 하루를 맞이하기 위한 엔도르핀 생성 효과가 으뜸일 것이다.

필자가 살고 있는 아파트를 중심으로 자동차로 10분 안팎의 거리에 왼편으로는 대구수목원이 있고, 오른편으로는 월광 수변공원이 자리하고 있다. 공기 맑고, 살기 좋은 곳. 좁은 평수의 서민 아파트를 떠날 수 없는 이유다. 러시아워가 본격적으로 시작되기 전에 아파트를 나섰다가 끝나고 돌아오면, 수목원이나 수변공원을 다녀오는 길에 어려울 것이 전혀 없다.

대구수목원은 한때 생활 쓰레기 매립장이었는데 매립이 끝난 후 친환경시설로 복원한 전국 최초의 도심형 식물원이며, 자연생태복원 우수기관으로도 손꼽히는 곳이다. 유실수를 비롯한 수많은 종류의 나무와 꽃과 새와 바람과 물 등 다양한 생태계가 어우러져 있으며, 테마별 식물 전시와 체험관도 있어 시민과 학생은 물론 외부 관광객들이 많이 찾고 있다.

월광수변공원은 한국농어촌공사가 관리하는 저수지를 끼고, 이웃 주민들이 아침저녁 산책을 하거나 분수가 춤을 추는 공연을 감상하며 여흥을 즐길 수 있는 아담한 공원이다. 복숭아나무, 느티나무, 왕벚나무 등 키 큰 나무가 많아 그늘이 좋고, 주변에는 커피숍 등 음식점이 즐비하며, 간간이 야간공연도 열려 근처의 아파트 입주민들에게 인기가 많은 곳이다.

수변공원으로 발걸음을 옮기는 날이다. 폭신폭신한 재질의 둥그런 트랙은 길이가 1㎞ 정도로, 대여섯 바퀴만 돌아도 제법 땀이 난다. 나무 그늘 아래 쉴 수 있는 벤치가 많고, 벤치 주변으로 쓰레기통이 눈에 띄게 많다. 규모는 작지만 정구장, 롤러스케이트장, 다목적운동장 등 운동시설과 체력단련장비도 갖추어져 있으며, 유명 작가의 동상이나 시비詩碑도 있어 나름대로 신경을 쓴 흔적이 보인다.

부지런한 사람만이 즐길 수 있는 아침 산책길. 땀을 흘리며 걷거나 뛰는 사람들 옆으로, 벤치 끄트머리에 빈 커피 용기 두 개나 나란히 놓여있다. 누가 버리고 간 것일까. 두 바퀴쯤 돌고 있을 때, 가는 바람 한 줄기가 살며시 스쳐갔다. 빨대가 꽂힌 커피 용기가 휘청 바람에 흔들린다. 다시 한 바퀴를 돌아왔을 때, 제법 큰 바람이 다가왔다. 따로 떨어져 있던 커피 용기 두 개가 서로 부딪힌다.

바람이 버려진 양심의 등짝을 후려치는 것 같은 상상으로, 괜스레 눈길이 멈추었다가 다시 발걸음을 옮긴다. 비가 오려는가. 묵직한 바람이 불기 시작하며, 커피 용기는 더욱 세차게 몸부림을 친다. 그것 참 재미있다는 생각이 들면서, 뭇매 맞는 커피 용기를 오래도록 바라본다.

만일, 커피 용기를 버리고 간 당사자가 이 광경을 본다면 어떤 느낌이 들까. 바람에게 호되게 얻어맞고, 이리저리 뒹굴고 부딪히다 사람들의 발길에 차이며, 비명을 지르지도 못한 채 찌그러진 저 버려진 양심. 한 번이라도 다른 사람을 생각했더라면, 시원한 나무 그늘을 찾아 왔다가 빈 용기만 버리고 갈 수는 없었을 것이다. 건너편 다른 벤치에는 빈 생수병이 저 혼자 뒹굴고 있다. 땀을 닦던 손수건이야 실수로 두고 갈 수가 있었겠지만, 바로 옆에 쓰레기통이 있는데 물만 마시고 빈병을 그대로 두고 가는 행위는 어떻게 이해를 해야 할지.

근년 들어 공원 등 공공시설 주변에는 아예 쓰레기를 버리지 못하도록 쓰레기통을 없애는 추세가 일반화되고 있다. 그런데 유난히 쓰레기통이 많은 수변 공원에서, 도대체 무엇이 잘못된 것일까. 행여 산책을 하는 사람들의 도덕적 의식에 문제가 있다고 도맷값으로 넘긴다면, 수변공원을 아끼고 걷기를 좋아하는 사람으로서 기분이 썩 좋지는 않을 것 같다.

휴가철, 재미있게 놀다가 떠나는 휴양지에서도 뒤처리를 깔끔하게 하는 것이 성숙한 시민의 아름다운 정신이다. 쓰레기통에 넣거나 되가져가기가 귀찮아서 그대로 두고 가는 커피 용기에는 그 사람의 양심도 함께 남아있다는 사실을 왜 모르는지. 스스로 양심을 고귀하다고 생각한다면, 다른 사람이 앉는 공원 벤치에 함부로 쓰레기를 방치하는 일은 없어야 할 것이다.

한 시간쯤 걷다보면 얼굴은 달아오르고, 슬며시 배가 고파온다. 푹푹 찌는 무더운 여름, 반찬 없는 밥이 절로 넘어가는 까닭이다.

* 대구일보 아침논단 (2016.8.4.)

불쾌지수 매우 높음

오락가락하던 장마가 끝나자, 기다렸다는 듯 폭염을 동반한 후텁지근한 날씨가 계속 이어지고 있다. '불쾌지수 매우 높음'이라고 한다.

푹푹 찌는 열기와 눅눅함에 우리는 여러 가지 묘안을 찾지 않을 수 없다. 외출을 한다면 시내버스나 지하철 등 대중교통을 이용해보자. 냉방이 확실한 데다 환승까지 되니, 저렴한 비용에 주변의 경치 구경 사람 구경까지 할 수 있는 재미가 있다. 더러는 대형 마트 또는 백화점에서 쇼핑을 하거나 은행 등 공공기관을 이용할 수도 있다. 가족이 함께 물놀이장을 찾거나 이열치열以熱治熱로 더위에 맞서 훈련이나 운동을 할 수도 있고, 배낭을 메고 산을 오르며 땀을 흘리는 방법도 있다.

무엇보다 추천할 만한 곳은 자연을 찾아 숲으로 가는 길이 아닌가 한다. 숲이 만들어준 그늘 아래서 편안하게 책을 읽거나, 새들의 합창을 들으며 먼 하늘을 바라보고 즐거운 상상에 젖어보는 것. 적당히 햇볕을 쬐며 비타민D를 흡수하고, 피톤치드를 마시며 이 계절에 피어나는 꽃들을 만나보는 것도 좋겠다. 아니, 어쩌면 움직이지 않음으로써 땀을 배출하지 않는 것도 더위를 피하는 방법일 수 있겠다.

사회현상과 환경의 변화로 인한 불쾌지수는 생활에 많은 불편을 안겨준다. 계속 되는 폭염과 열대야로 기력이 떨어지고, 열사병 등으로 목숨을 잃는 경우도 발생되고 있다. 불쾌지수가 높아질수록, 식중독 지수도 높아지고, 마음의 갈등과 화도 생기기 쉬워진다고 한다. 그럴 때, 심신의 안정에 도움이 되는

방법은 적정한 실내온도와 체온을 유지하는 것이다. 그리고 물을 자주 마셔야 한다. 땀을 흘리고 나서, 체내 수분이 부족하면 불쾌지수가 더욱 높아진다. 아침저녁으로 걷거나 뛰는 유산소 운동을 하는 것도 괜찮다.

기온이 사람의 체온을 능가한다는 것은 몇 년 전까지만 해도 우리나라에서는 상상조차 할 수 없었던 일이다. 그러나 올 여름 여러 지역에서 여러 차례 체온을 웃도는 기온이 현실로 나타나고 있다. 지난해 지구의 기온, 온실가스, 해수면이 역대 최고치를 기록해 지구의 건강에 빨간불이 켜졌다는, 뉴스와 일맥상통하는 내용이다. 인류의 삶의 질을 높이기 위한 문명의 발달이 가져다준 지구온난화에 우리는 참고 견디며 적응하는 생활의 지혜를 익히고, 온실가스를 줄이기 위한 부단한 노력을 해야 한다.

이러한 시기에 꼭 필요한 외침을 듣게 된 것은, 2016 리우올림픽 개막식 장면에서였다. 환경에 대한 공연은 짧은 가운데 많은 것을 생각하게 했다. 연대

별, 지역별로 점점 줄어들고 있는 지구의 모습을 영상으로 보여주고, 숲의 중요성에 대해 많은 분량을 할애한 퍼포먼스에 감동과 경의의 박수를 쳤다. 화려하지 않고 조용하면서도, 그 울림이 매우 크고 깊게 다가왔기 때문이다.

폭염은 가을이 다가왔음을 알리는 입추지절에도 기세가 꺾일 줄 모르고 여전히 기승을 부리며, 밤잠을 설치게 한다. 이럴 때는 멀리 지구의 반대편 '리우데 자네이루'에서 올림픽에 참가해 혼신의 기량을 발휘하고 있는 우리 젊은 선수들의 경기를 지켜보며 응원도 하고, 정정당당함에 손뼉을 치다보면 불쾌지수가 조금은 누그러지지 않을까 기대를 해본다.

하지만 우리 사회에 만연한 정신적 불쾌지수는 어떻게 하면 좋을는지.

얼굴이 알려진 연예인을 무고 또는 협박하는 행위를 비롯하여 교육부 고위공직자의 돌이킬 수 없는 망언, 법무부 간부의 부정비리와 폭언·폭행 사건에다 연이은 아동 학대나 인명 살해 사건들이 우리를 하루도 편안하지 못하게 하고 있다. 사드THAAD, 고고도미사일방어체계 배치와 관련한 불협화음은 더 이상 말할 나위도 없다. 영국의 유럽연합 탈퇴Brexit 결정에 따른 지역 기업에 대한 부정적 파급효과와 후폭풍이라는 만일의 사태에도 관심을 기울여야 하고, 프랑스 니스 테러와 터키의 쿠데타로 인한 사망자 속출 등 국제사회의 불안정 또한 우리를 힘들고 답답하게 한다.

통하면 살고, 막히면 죽는다고 했던가. 국내외를 막론하고 오해와 불신이 앞서고, 소통이 되지 않으니 문제가 생기는 것 같다. 마음의 여유가 없는 것도 문제다. 안팎으로 불쾌지수가 매우 높음 단계로 치닫는 요즘. 부디 사람들의 마음에도 쉴 수 있는 그늘을 만들고 바람을 통하게 하는 숲이 무성해지기를 희망한다.

* 대구일보 아침논단 (2016.8.11)

다양성의 사회, 정답은 없다

리우올림픽 여자배구 A조 2차전 경기에서 러시아 선수가 우리나라와의 접전 속에서 회심의 공격에 성공한 후 두 팔을 벌려 환호하는 장면을 보셨는지. 그리고 그 입 속의 혀에서 반짝이는 작은 보석을 보셨는지.

개성이 빛나는 시대다. 한류 문화가 지구상의 젊은이들을 들썩이게 하는 것은 보편성을 뛰어 넘은 독창성과 열정이 만들어낸 결과물일 것이다. 개성은 다양성에서 비롯된 것, 다양성의 집합체인 패션의 세계로 들어가 보자.

패션이란, 몸에 걸치는 의상의 범주에서 벗어나 머리부터 발끝까지 수많은 가짓수를 자랑한다. 손톱이나 발톱을 가꾸고 장식하는 네일아트nail art가 어엿한 직종으로 자리를 잡고, 가늘고 짧은 눈썹에도 파마를 하는 등 꾸준한 변화가 시도되고 있다. 젊은이들 사이에서 귀에 구멍을 뚫어 주렁주렁 액세서리를 다는 것은 기본이고, 입술이나 콧등, 배꼽, 눈 심지어 혀에도 작은 액세서리가 반짝이는 피어싱piercing이 유행한 것이 어제오늘의 일이 아니다.

머리카락의 색깔이나 디자인도 매우 다양하다. 연예계를 중심으로 일부 특정 계층에서만 소화를 할 수 있다고 생각했던 것이, 대상과 관계없이 누구나 좋아할 수 있을 정도로 일반화가 됐다. 염색과 탈색을 반복하여 층을 내거나 가닥가닥 색깔을 달리한 블릿치bleach라는 것이 유행을 타는가 싶다가, 좌우 비대칭은 물론 머리카락을 두 단계로 나누어 깎는 방식을 달리한 투-블록two block이라는 것도 이제는 낯설지가 않다.

익숙해진다는 것은 가랑비에 옷이 젖듯 살금살금 인식이 젖어드는 것이다. 너덜너덜 찢어진 청바지처럼 눈살 찌푸리게 거북하던 것도, 자주 접하다 보면 무디어지고 일정 시간이 지나면 그것이 오히려 자연스러워지기도 한다.

나의 경우 일찌감치 흰 머리카락이 생기기 시작하여, 어쩔 수 없이 염색을 하게 된 것이 근 20년 세월이다. 예순인 지금, 오랜 염색으로 상한 두피와 모발의 건강을 되찾고자 염색을 하지 않기로 마음을 정했다. 뿌리부터 하얗게 머리카락이 올라오며 지저분하고 보기 흉한 과정을 어렵게 견뎌내고, 6개월이라는 시간이 지나자 겨우 자연의 색깔로 돌아왔다. 머리카락의 길이는 숏-커트로 짧아지고, 앞과 옆 부분은 흰 머리카락이 많아 은빛을 자랑하며, 뒷부분은 오히려 검은 머리카락이 많은 것이 대조를 이루고 있다.

오랜만에 만나는 지인들은 파격적인 나의 헤어스타일로 의견이 분분하다. 길이와 형태 등 디자인에 대해서는 대체로 평이 좋은 편이다. 그러나 색깔에 대해서는 반응이 엇갈린다.

가장 듣기 좋은 말은 '자연스러움이 멋지다'는 표현이다. 개성이 있어 보인다거나, 은근히 세련미가 엿보인다는 말도 좋다. 두 번째 반응은 흰 머리카락이 나이가 들어 보인다는 것이다. 손사래를 치며 적극적으로 반감을 드러내는 사람이 있는가하면, '한 살이라도 젊을 때 예쁘게 보여야 한다.'며 집요하게 염색을 권유하는 친구도 있다. 듣기 좋은 거짓말이라는 것을 느낄 때도 있고, 당사자 없는 자리에서 뒷담화의 주인공이 되는 것도 나쁘지 않다.

두피에도 혈관이 있고, 두피도 호흡을 한다. 화학약품 사용으로 모공이 막히고 건조해진 두피가 가렵거나 부드럽지 못할 때, 모발 또한 거칠고 가늘어지며 탈모가 생기는 것은 당연지사. 두피와 모발이 건강하고 보기에도 좋다면 금상첨화겠지만, 보기에 조금 어색하더라도 염색을 하지 않기로 결심한 이상 어떠한 반감과 회유의 목소리에도 흔들리지 말아야 하겠다.

길을 걷거나 공원 산책을 하다가 희끗희끗한 머리카락을 보면 괜한 동질감에 다시 눈을 돌리게 된다. 꾸미지 않음이 오히려 솔직한 인격을 돋보이게 한다는 생각까지 드는 것도 사실이다. 분명한 것은 상처를 안은 겉치레보다 건강한 자연스러움이 좋다는 것이다.

최근 우리나라에서 조사된 직업의 종류가 무려 11,400여 가지라고 한다. 지금도 누군가는 끊임없이 창조의 문을 두드리고 있을 것이다. 먹거리와 놀이, 의약품, 과학기술, 산업, 문화 등 분야를 막론하고 주변 환경과 의식은 하루가 다르게 변해가고 있다. 그러한 변화의 물줄기에 적당히 섞이고 어울리는 것이야말로 다양성의 사회를 살아가는 존재의 의미가 아닐까.

고정관념에서 벗어나 다름을 인정하고 받아들이는 것이 중요하다. 취향은 있되, 정답은 없기 때문이다.

* 대구일보 아침논단 (2016.8.18)

로또 복권에 대한 유감

로또 복권을 종종 구입하는 편이다. 그리고 만일의 행운을 꿈꾸는 즐거움을 누리기도 한다. 바로 바로 당첨을 확인해보지 않는 것도 그런 이유일 것이다. 혹시 덜컥 당첨이라도 되어버렸으면 어찌하나 손이 떨려 감히 확인을 하지 못할 때가 있고, 일치하는 번호가 하나도 없을 것 같아 쓴맛을 보기가 싫은 경우도 있다.

기분 좋은 일이나 생각지 못했던 수확이 생겼을 때, 또는 예기치 못하게 자존심에 상처를 받게 된 일이 있을 때 복권을 구입한다. 흔들리는 감정을 조율하는 안정제로 그만한 것이 없기 때문이다. 들뜬 기분에 청량감을 불어넣고, 침통한 심정을 반짝 되돌릴 수도 있는 마술 같은 효과가 있다는 것을 아는 사람은 알 것이다.

느티나무 그늘 아래 기다란 벤치가 있고, 잘 정돈된 잔디가 깔린 마당에는 언제나 손님을 맞이할 준비가 돼있다. 책으로 둘러싸인 서재에는 글을 쓸 수 있는 공책과 펜이 놓여있으며, 잔잔한 음악이 흐르고, 커피를 내릴 도구와 갓 볶은 신선한 원두가 기다리고 있다. 가까운 친인척에게 푸짐하게 인심을 쓸 것이며, 불우이웃을 돕거나 자선단체에 기부도 할 것이다. 그래, 상상 속의 그림을 몇 번씩 그리고 또 그려본다. 어떤 사람에게는 그런 것들이 평상 시 생활 모습일 수도 있겠다는 생각을 하면 실없는 웃음이 나오기도 하지만, 그려볼 수 있는 꿈이 있다는 것은 좋은 일이다.

'절반의 행운, 절반의 기부'라는 슬로건이 얼마나

매력적인가. 당첨이 되지 못하더라도 절반의 기부를 할 수가 있다니, 그 자체로도 흐뭇한 일이다. 그런데 복권 당첨으로 가족이 해체되거나 패가망신하는 사례도 있다니, 매우 안타깝고 이해하기 어려운 일이다.

일전에 저녁 뉴스를 보다가 이런 일도 있구나 싶어 한숨이 나왔다. 로또 복권 1등에 당첨된 아들이, 어머니를 멀리 하고 이사를 해버렸다는 것이다. 그것도 자신의 아들딸을 성인이 되기까지 힘들게 키워준 어머니를 말이다. 얼마나 분하고 배신감으로 마음이 아팠으면, 팔순 노모가 '패륜아들을 고발한다'는 피켓을 들고 시위를 벌일까.

그런가하면 어떤 이는 아주 어렵게 생활을 하다가 절체절명의 순간에 복권이 당첨되어, 하늘이 무심하지 않다며 제2의 인생을 살아가고 있다는 말을 들었다. 그밖에도 항간에 떠도는 말 중에는 당첨만 되면 묘하게 알아내어 여기저기에서 기부 또는 지원을 해 달라며 손을 내밀고 귀찮게 굴어 직장을 그만두고 해외로 도피를 할 수밖에 없었다는 이야기도 있다.

하지만 많은 경우 지극히 정상적인 생활을 유지하고 있다는 사실을, 당첨된 경험이 있는 지인을 통해 들었다.

과유불급이라고 했다. 일확천금으로 자신의 의지와는 상관없는 소비생활에 탕진함으로써 인간성을 잃게 된다면, 차라리 당첨이 되지 않은 것만 못한 일이다. 돈이 행복으로 가는 길을 조금 앞당기는 다리 역할을 해줄 수 있을지는 모르지만, 절대로 행복을 대신할 수는 없다는 사실을 모르는 사람은 없을 것이다.

복권 1등에 당첨되면 꼭 하고 싶은 버킷리스트라도 작성해놓는다면 갑작스런 행운으로 주체하지 못할 일은 없을 것 같다. 선량하고 소박한 꿈을 가진 많은 서민들은 당첨금으로 빚을 갚고, 집을 장만하거나, 고마운 가족이나 어려운 이웃에게 나눔을 실천하는 좋은 일을 하겠다는 포부를 갖고 있는 경우가 대부분이다. 그리고 새로운 직업을 마련하거나 여행 또는 취미활동에도 일부를 사용하겠다는 작은 바람은 생활의 활력이 되기에도 충분하다.

뜻밖의 돈더미에 놀라 일시적으로 판단이 잘못될 수도 있고, 누구에게도 빼앗기지 않고 혼자 잘 살아보겠다는 유혹과 혼란에 허우적거릴 수도 있을 것이다. 하지만 절대 잊어서도 안 되며, 잊을 수도 없는 일이 있다. 천륜이라는 것이다. 부디, 냉정을 되찾아 자신의 아이들까지 키워준 노모를 외면하지 말고 하루 빨리 본연의 자리로 돌아오기를 희망한다.

개인에게 지급되는 당첨금액을 조금 줄이고, 보다 많은 사람이 행운을 누릴 수 있도록 당첨 확률을 높이는 방향으로 시스템을 개선하는 방법은 없는지. 또는 부작용 없는 건전한 복권으로 거듭날 수 있는 길은 없는지. 오늘은 교통신호가 막힘없이 잘 디져주었으니, 복권 구입의 이유가 생긴 것인가.

* 대구일보 아침논단 (2016.8.25.)

이란성 쌍둥이, 아기 비둘기

정리를 잘하지 못하는 편이다. 연장을 잘 버려야 훌륭한 목수가 된다지만 버리는 것이 왜 그렇게 어려운지, 자꾸 쌓이기만 한다.

어쩌다가 나무로 된 작은 상자 하나를 아파트 복도 끝에 내놓게 되었다. 며칠이 지나 외출을 하면서 내다버리려고 손을 대는 순간, 푸드득 소리를 내며 시커먼 물체가 황급히 달아났다. 비둘기로 보였다. 놀란 가슴을 쓸어내리고, 나무 상자 안쪽을 들여다보았다. 세상에! 작은 알 두 개가 덩그러니 놓여있었다.

어미가 알을 품고 있었던 모양이다. 얼마나 놀라고 당황했을까. 미안하다, 미안하다고 혼자 중얼거렸다.

시간이 얼마나 흘렀을까. 잠시 잊고 지내다 다시 그 속을 들여다보니 이미 부화가 된 작은 아기비둘기 두 마리가 오들오들 떨고 있었다. 한 마리는 새하얀 깃털을, 다른 한 마리는 진한 회색 깃털 옷을 입고 있었다. 이란성 쌍둥이다. 그리고 군데군데 가느다란 똥이 그들의 건강함을 말해주고 있었다. 또다시 상자 속을 들여다보았을 때는 성인 남성의 굵직한 주먹만 한 크기로 훌쩍 커 있었다. 그렇지만 아직은 날개를 펴지 못하고 가만히 웅크리고 있는 것이 신비로웠다. 똥 무더기는 더욱 높게 쌓였고, 이제 똥을 치는 일이 숙제로 남았다.

어떻게 이런 곳에 둥시를 틀 생각을 했을까. 따로 집을 지을 필요도 없이 빈 상자를 활용하게 되었으니, 꿩 먹고 알 먹은 영리한 비둘기가 아닌가. 나무상자는 다른 사람들에게 겉모양이 보이도록 세워져 있었고, 그들이 산다는 것을 알기 전에는 누구도 관심을 보이지 않을 만큼 허름한 모양이다. 그리고 그들이 외출에서 집으로 돌아올 때는 난간 사이로 빗물 틈이 있어 드나들기가 안성맞춤이다.

비둘기의 새끼 키우는 방법은 더욱 신기하다. 대부분의 새들은 주로 벌레를 잡아다 먹이는데 비해 비둘기는 포유류의 젖과 화학성분이 비슷한 젖milk을 생산한다는 점에서 다른 조류와 차이를 보이며, 비둘기는 자신의 모이주머니에서 나오는 분비물인 피존 밀크pigeon milk를 먹인다고 한다. 암컷과 수컷 모두 알을 품어 부화시킬 때까지 발달된 모이주머니에서 분비되는 피존 밀크는 새끼를 돌보는 기간에만 만들어지며, 이를 통해 아기비둘기는 영양과 에너지를 효과적으로 공급받아 다른 종의 새들보다 초기 성장이 매우 빠르다는 것이다.

한때 평화의 상징으로 추앙받던 저 예쁜 비둘기가 개체 수가 급격하게 증가하면서 사람에게 해를 끼치는 새나 야생 동물(짐승)을 일컫는 유해조수로 지정이 되어, 공공의 적이 되다니. 오죽하면 비둘기 퇴치하는 방법이 인터넷상에 떠돌고, 비둘기를 퇴치하는 전문업체가 생길 정도가 되었을까. 그렇다. 무엇이든 지나치면 문제가 생긴다. 1960년대에는 쥐가 너무 많아 쥐잡기 운동이 대대적으로 벌어졌다. 근년에는 황소개구리나 뉴트리아, 가시박, 돼지풀 등 외래종 야생생물이 처음 들여올 당시의 목적과는 달리 우리의 고유 생태계를 파괴할 만큼 놀라운 번식률로 환경부로부터 '생태계 교란 야생생물'로 지정이 되어 퇴치 작업이 벌어지고 있다.

지인들로부터 아파트 에어컨 실외기 부스의 비둘기 집에 대해, 매우 더럽고 짜증스럽다는 불만의 목소리를 들었던 기억이 생생하다. 그러나 눈앞에서 알이 부화가 되고 아기 비둘기가 조금씩 성장하는 과정을 지켜보게 되니, 감회가 남다르다고 할 수밖에 없다. 고층 아파트 복도 끝. 둥지 틀 곳을 찾아 날아다니다 그곳에 안착을 하게 된 것은, 버리지 못하는 사람 특유의 미련의 정향이 묻어 있었던 것일까. 잘 버리지 못한 것이 오히려 이런 즐거움을 가져다 줄

때도 있다고 생각하니, 절로 웃음이 나온다. 운동보다는 건강식품에 관심이 많은 우리 선남선녀의 얄팍한 귀에 먹방먹는 방송의 전파라도 한 구절 전해진다면, 유해조수를 퇴치하는 방법은 경쟁하듯 신속하게 개발이 될 것이라는 재미있는 상상을 해본다.

엄마비둘기가 외출에서 돌아왔는지, '국구르르 국구우' 소리가 들리는 듯하다. 가족 상봉의 반가움인 양 한참이나 푸드득거리며 살아있음을 표현하는, 저 재잘거림. 아기비둘기 두 마리가 첫 날갯짓을 하려는지, 엄마가 지켜보는 앞에서 뒤뚱뒤뚱 발돋움을 시도한다.

* 대구일보 아침논단 (2016.9.1.)

어르신의 말동무

볼일이 있어, 낮에 시내버스를 탔다. 긴 팔 셔츠에 모자와 마스크로 얼굴을 가리고, 양산까지 챙긴 멋쟁이 할머니가 옆자리에 앉으셨다.

몇 정거장을 지나 버스의 진행 방향이 바뀌자 창으로 뜨거운 햇살이 쏟아져 들어왔다. "젊은 양반, 왜 햇빛이 들어오는 창가에 앉았어?"라고 할머니가 말을 걸어오셨다. 조용히 웃기만 했다. 곧 이어 "자리를 바꿔줄까?"라며 일어서려고 하시기에, "아니요, 햇빛을 좋아해서요."라고 예상에도 없던 대답으로 만류했다. 그리고 잠시 침묵이 흐르는 사이 할머니는 당신이 이 버스를 타게 된 연유를 설명하셨다. 운동을 하러 가려고 버스를 기다리다가 이 버스를 보니 별안간 다른 볼일이 생각이 나서 마음을 바꾸게 되었는데, 중간에 내려 볼일을 보고 환승을 하면 되니 두 가지 일을 볼 수 있게 되었다며 흐뭇해하시는 모습이 참 보기 좋았다.

"무슨 운동을 하시기에, 버스를 타고 다니세요?"라고 관심을 보였다. 할머니는 환하게 웃으시며, 30여 년 전으로 기억을 되돌렸다. 사십대 때 무릎이 아파 앉아 있기도 불편했는데, 에어로빅을 하다 보니 아픈 곳이 조금씩 낫게 되셨다고. 그 이후 계속 운동을 하게 된 것이, 벌써 30년이 넘었다고 하셨다. 대단하시다며 감탄의 엄지를 추켜세우자, 오랜 운동으로 어려운 동작은 젊은이들도 따라오지 못한다며 자랑스러워 하셨다.

내려야 할 정거장은 이미 지나버렸다. 신명나게 풀어놓기 시작한 할머니의 이야기보따리에 차마 제동을 걸기가 어려웠기 때문이다.

병원 대기석에서도 말을 걸어오는 분이 계셨다. 계절에 맞지 않는 옷을 입었다며 부끄러워하시기에, 다른 사람의 눈보다 당신의 건강이 제일 중요하다며 괜찮다는 말씀을 해드렸다. 단지 그 말을 했을 뿐인데, "마음씨가 참 곱게 생겼다"며 "무슨 말을 해도 다 들어줄 것 같아, 주책없이 말을 걸었다"는 덕담이 돌아왔다. 혼잣말을 듣다가, 특별할 것 없는 대답 한마디 해드린 것이 전부였는데 말이다.

그러고 보니, 몇 년 전 같은 아파트에 살던 허리 꼬부라진 할머니 생각이 난다. 머릿수건 동여매고 종이상자 주우시던 그 할머니. 엘리베이터에서 목례하던 나에게 '아는 체해 줘 고맙다'며 눈시울 붉히고, '나도 그럴 때가 있었는데……' 젊은 시절 되돌아보시었다. 아파트 값 떨어진다며 눈 흘기는 젊은 것들, '지는 나이 안 묵나 보자' 합죽한 잇몸 쉿소리로 울분을 감추지 못하시며, 회식 끝나고 늦게 귀가하던 나에게 '더 좋은 일자리 구해줄까?' 걱정해주시던 마른 낙엽 같은 물기 없는 얼굴. 어느 날부턴가 그 할머니가 보이지 않게 됐지만, 누구에게도 안부를 물어보지 못하였음에 미안한 생각이 든다. 행여, 돌아오지 못할 곳으로 먼 여행을 떠나신 건 아닌지.

나이가 들면 몸이 자유롭지 못하니, 더욱 그리운 일이 많을 것 같다. 가족이 그립고, 친구가 그립고, 몸이 가벼웠을 때 하지 못했던 여행이 그립고, 눈 밝을 때 열심히 읽지 못했던 책이 그립고, 그런 일들을 할 수 있는 젊음이 얼마나 그리울까. 그중에 무엇보다 절실한 것이 지금 당장 옆에 있어 줄 말동무가 아닌가 싶다. 우리를 낳고 키워준 세대가 현역에서 물러나면서, 왜 고개를 숙이고 홀대를 받아야 하는지. 어찌 잉여인간이라는 자책감에 어깨를 옴츠리며, 젊은이들의 눈치를 살펴야 하는지. 세월이 가면, 누구나 늙는 법. 외롭고 쓸쓸함을 느끼는 그분들의 모습이 몇 년 후의 나의 모습이라 생각을 하면, 괜스레 눈시울이 뜨거워진다.

100세 시대다. 날이 갈수록 평균수명이 길어지고,

빠른 속도로 고령사회로 달려가고 있는 우리나라. 65세 이상 노인 인구 비중이 점점 늘어가고 있는 만큼 노인을 위한 복지문제에 특별한 관심과 대책이 필요한 것 같다. 노인들이 마음 편하게 어울릴 수 있는 작은 규모의 프로그램들이 많이 개발될 수 있기를 바란다. 그리고 스스로 몸을 움직이며 보람을 느낄 수 있는 일거리를 만들어주는 것도 좋겠다.

어르신의 말동무가 되는데 특별한 자격은 없다. 눈 마주치며, 고개 끄덕이고, 대답 한마디 해드리는 것. 마음이 약한 어르신들은 작은 것에도 감동을 느끼며, 당신의 말을 들어주는 것만으로도 고마워하신다. 어르신에게 관심을 가지는 것이, 아주 어렵고 힘든 일은 아니다.

* 대구일보 아침논단 (2016.9.8.)

명절증후군

잦은 비에 아침저녁 선선한 바람이 불어주니, 계절의 변화를 실감하는 가을이다. 민족의 큰 명절 추석을 보내며, 누군가는 그리운 가족 · 친지를 만나 가슴이 두근거렸을 것이고, 또 다른 누군가는 장시간의 가사노동으로 인한 정신적 · 육체적 피로에 몸을 뒤척였을 것이다.

큰일을 치러야하는 주부들은 명절을 앞두고 신경 쓰이는 것이 얼마나 많은지 모른다. 차례상 준비는 물론이고, 손님을 맞이하는 일이 만만치 않은 까닭이다. 손님이 묵어갈 잠자리부터 끼니 걱정으로 잠을 설치는 것은 기본이고, 평소 하지 않던 집안 청소와 냉장고 정리도 쉽지 않은 일이다. 명절이야 한차례로 지나가지만, 명절 준비는 달포 전부터 시작된다고 해도 과언이 아니다. 마음이 그렇다는 것이다.

추석을 보내고, 사흘째 되는 날이 시어머니 기일이다. 출근을 해야 하는 직장생활에서 한 발짝 물러서기는 했지만, 아직은 다방면의 활동을 하고 있는 처지의 맏며느리로서 챙겨야할 일이 많으니 일인다역의 어려움을 실감한다. 더불어 우리 사회에 깊이 뿌리내린 남녀 간의 또는 처해진 위치 간의 '역할의 차이'에 대해 다시 한 번 생각을 해보지 않을 수 없다.

처음에는 장보기와 복잡다기한 절차를 익히느라 힘이 들었다면, 늦게 시작한 주부생활 20년이 지난 지금은 몸이 따라주지 않아 피로가 쌓이는 것이 힘이 든다고 해야겠다. 허리와 등의 근육이 뭉치고 소화불량, 변비, 불면 등 신체적 피로에, 준비부터 마무리까지 혼자서 책임을 져야 하는 부담이 가져다주는 정신적 피로가 겹쳐 작은 몸을 강타하기 때문이다.

명절이 몇 번이나 되느냐고 웃을 수도 있겠다. 평소 하던 대로 하면 될 것이라며 일을 줄이라는 사람도 있고, 살다보면 즐거운 일도 있고 힘든 일도 있는 것이 인생살이가 아니냐며 쉬운 말을 할 수도 있을 것이다. 하지만, 일을 감당해야 하는 주부의 입장에서는 그런 말이 전혀 도움이 되지 못한다.

오죽하면 '명절증후군'이라는 용어가 등장했을까. 명절로 인한 정신적·육체적 스트레스가 소외감과 우울증으로 이어지고, 명절을 전후하여 부부사이가 크게 나빠지며, 이혼율이 늘어난다는 통계도 있다. 공감의 고개가 끄덕여진다. '피할 수 없으면, 차라리 즐겨라'는 말도 있다. 그러나 피할 수도 없고, 즐길 수도 없다면 어떻게 할 것인가. 그렇다면, '설마'하는 기대를 떨쳐버리는 것이 옳다고 본다. '이 정도는 도와주겠지'라는 당연한 기대에 과감하게 가위질을 해버리는 것이다. 기대가 적을 때, 섭섭한 감정도 훨씬 줄어들기 마련이다.

근래 들어 명절 풍경이 많이 달라지고 있다. 명절 연휴를 이용해 멀리 해외로 나가서 사진을 펼쳐놓고 차례를 지내는 사람들도 있다고 하니, 참 좋은 세상이 아닌가 싶다. 가족이 함께 여행을 떠날 수 있는 기회가 많지 않으니, 어쩔 것인가.

명절증후군을 겪는 대상은 대부분 주부로 알려져 있다. 하지만 최근에는 그 범위가 넓게 확대되고 있다고 한다. 남편이나 미취업자, 미혼자, 시어머니 등 저마다의 위치에서 말로는 표현하지 못하는 눈치라는 것이 있기 때문이다. 육체적 피로는 시간이 해결할 수 있다. 하지만 정신적 피로는 전염성이 매우 강하고, 자칫 다른 문제를 일으킬 수 있으니 더욱 조심을 해야겠다.

명절증후군으로 시달리는 여성들이여, 웅크리지 말고 날개를 펴보자. 어차피 해야 할 일은 시원하게 하고, 멋진 공연이나 영화 감상 또는 쇼핑 등 즐길 수 있는 프로그램을 적극 활용하는 것이다. 그리고 집중적인 노동으로 생긴 팔과 어깨, 허리의 통증을 완화하기 위한 근육의 이완에도 신경을 쓰는 등 스스로 움직이고 관리를 해야 한다.

진종일 손에 물이 마르지 않는 주부들에게, 웃으며 명절을 보낼 수 있는 특효약이라도 개발이 되기를 바라는 것은 허황된 꿈일까. 가족이 함께 명절 준비에 참여하고 따뜻한 말로 격려함으로써 특정한 사람에게만 과도하게 일이 집중되지 않도록 배려한다면, 그것이 바로 아무리 일을 해도 짜증이 나지 않는 웃음의 묘약이 되지 않을까?

웃음이 있는 곳에 명절로 인한 부담과 후유증은 크게 줄고, 명절증후군이라는 용어도 사라지게 될 것이다.

* 대구일보 아침논단 (2016.9.22.)

지진 공포와 학습 효과

저녁 준비를 하고 있을 때였다. 구수한 밥 냄새가 침샘을 자극하고, 거실 한가운데 상을 펴는 중이었다. 앗, 그런데. 아파트가 굉음을 일으키며 흔들흔들 진동을 일으켰다. 짧고 강한 두 차례의 연속적인 흔들림으로, 게임에 빠져 있던 아들에게 "지신이다, 시진이야"라고 소리쳤다. 놀란 아들이 후다닥 뛰어나왔다. 서서 움직이지 말고, 자세를 낮추라고 다급하게 말했다. 겁 많은 아들이 순순히 따라했다.

잠시 후 진동은 멈췄고, 아들이 순식간에 옷을 입

고 서 있었다. 밖으로 나갔다. 그간 알고 있던 대피 상식을 아들에게 입으로 주절주절 내뱉었다. '탁자 밑으로 자세를 낮추고, 머리를 보호해야 한다. 엘리베이터는 타지 말고, 계단을 이용해야 한다. 아파트보다는 넓은 공터가 안전하다.'는 등. 아들이 어느 때보다 고분고분하고 동작이 빠른 것을 보니, 엄마 못지않게 두려움에 떨고 있는 것 같았다.

아파트 입구의 초등학교 운동장으로 갔다. 매일 저녁 학교운동장을 돌며 유산소운동을 생활화하고 있었으니, 대피 연습도 하고 운동도 하자며 쉬지 않고 말을 했다. 두려움을 줄이기 위한 나름의 수단이었을 것이다. 병원에서 재활치료를 받고 있는 남편도 진동을 느꼈을까? 아들도 나도 가족 카톡방에 대화를 시도했지만, 전송이 되지 않았다. 불안했다. 통신에도 문제가 발생한 것 같았다. 30분쯤 지나자, 카톡이 연결됐다. 소식을 전할 수 있다는 사실에 새삼 감사함을 느꼈다.

다른 주민 몇 명도 운동장을 돌고 있었지만, 지진

동을 느끼지 못했다는 할머니들도 계신다는 것을 알았다. 실내에서만 진동을 느낀 걸까? 운동장 열 바퀴를 돌고 아파트로 돌아왔을 때, 이웃들은 별다른 움직임이 없이 조용했다. 두근거리던 가슴을 진정시키며 옷을 벗으려는데, 아뿔싸! 또다시 진동이 느껴졌다. 조금 전보다 더 강하고, 시간도 길었다. 벗던 옷을 다시 껴입고, 외출을 해야 하는 지를 망설였다.

방송에서는 특집으로 지진에 대한 내용을 전파하고 있었다. 처음 있었던 진동이 '전진', 50분 후에 있었던 진동이 '본진'이었다고 한다. 지진강도 5.1과 5.8로, 뒤의 진동은 1978년 지진관측이래 최고였다는 보도가 이어졌다. 지진 발생의 순서에 따라 전진, 본진, 여진으로 구분이 된다는 것도 처음 알게 된 내용이었다.

평소 우리나라는 지진에 대해 안전한 곳으로 여기고, 크게 관심을 가지지 않았던 것이 사실이다. 국민안전과 관련된 기관에서 교육을 받을 때도 건성건성 듣기만 하는 것으로 만족했던 기억도 부끄럽게 느껴졌다. 계속되는 뉴스에서는 '여진이 있을 수 있으니, 시·도민 여러분께서는 만약의 사태에 주의하시기 바란다.'는 멘트가 있었다. 앵커의 목소리도 당황하고 떨리는 듯 들렸다. 하지만, 무엇을 어떻게 주의하라는 것인지 알 수 없으니 답답했다.

일정 시간이 지나고, 지진 발생 시 대처요령이 방송으로 들려왔다. 일단 현관문을 열어놓고, 움직이라는 것에 수긍이 갔다. 출입문이 막혀버리면, 고립이 될 수 있다는 것이다. 화장실로 가서 머리를 보호하라는 내용도 처음 들었다. 각종 배관이 지나가는 화장실이 가장 튼튼하게 설계가 되었으며, 물이 있다는 것이다.

'경험보다 훌륭한 스승은 없다'는 말이 실감이 났다. 운동장을 돌며 아들과 나누었던 대화 중 공통점이라면, 무섭기는 하지만 학습의 효과는 분명한 것 같다는 것이었다. 워낙 잊기를 잘하는 낙천적인 우리 민족에게, 전국을 강타한 이번 지진은 확실하게 경각심을 고취시켜 준 기회가 아니었나 싶다.

진원지 경주에서는 여진이 언제까지 계속될지 모른다니, 얼마나 불안할까. 밥을 먹다가도, TV를 보다가도 '이대로 또 진동이 느껴진다면 어떻게 될지' 며칠 사이에 지진에 대한 트라우마가 생긴 것 같다. 지진이 자주 발생하는 이웃나라 일본의 국민들이 검소해질 수밖에 없다는 점에도 공감이 갔다. 새 모델의 가전제품이나 보석 찬란한 값비싼 생활가구가 무슨 소용이 있겠는가.

일주일 후 진도 4.5의 강한 여진이 발생했던 날, 아들은 어느새 현관문을 열고 있었다. 우리도 이제는 지진에 대비한 교육과 훈련의 생활화가 절실함을 느낀다. 아울러 만약의 사태에 대비해 비상시 챙겨야 할 소지품이 있다면, 눈에 잘 띄는 곳에 보관을 해두어야겠다는 생각도 함께.

* 대구일보 아침논단 (2016.9.29.)

스마트폰에 대한 단상

언제 어디서나 지하철을 타면 재미있는 공통점을 만날 수 있다. 앉아있는 사람이나 서있는 사람 모두 고개를 숙이고 스마트폰을 들여다보는 광경이다.

스마트폰이 우리의 삶에 등장하기 시작한 것이 몇 년쯤 됐을까. 결코 길지 않은 시간 동안 사람이 기계의 노예가 되어버린 기분이다. 어떤 사람들은 조깅을 하면서도, 손에는 스마트폰을 들고 있다. 중간 중간 문자를 확인하고, 빙그레 웃으며 다시 뛰는 것이다. 길을 걷거나 횡단보도를 건너면서도 고개를 숙이고

화면을 들여다보다 다른 사람과 부딪히는 경우도 많다. 우는 아이 달래는데도 장난감이나 과자보다 스마트폰이 효과가 탁월하다.

'손 안의 인터넷'이라고 표현할 만큼 다양한 기능을 수행하고 있으니, 그럴 만도 하겠다 싶다. 낯선 길을 찾아갈 때도 스마트폰이 안내를 해주니 걱정할 필요가 없고, 산책길에서도 음악 감상을 즐길 수 있다. 식당에서 밥을 먹다가 열차표를 예매하고, 일을 하면서도 주식거래나 은행 업무를 볼 수 있다. 물건값도 스마트폰으로 계산을 하는 시대가 되었으니 편리한 것만은 틀림없는 사실이다.

문제는 상상력이나 기억력을 점점 잃어버리고 있다는 것이다. 애써 기억을 하거나 생각할 필요가 없는 것은, 부호나 숫자 몇 개를 누르기만 하면 원하는 정보와 기록이 나타나기 때문이다. 누구에게든 아는 사람의 연락처 5~6개만 기억해보라고 하면 어떤 반응이 나올까. 가족이나 친구의 번호는 고사하고, 자신의 번호조차도 한참을 떠올려야 되는 사람이 적지 않다.

혼자서 시간을 보낼 수 있는 것도 결코 좋은 점이라고 말하기 어렵다. 사회성이 말살되는 길이다. 게임중독은 물론 거북목, 손목터널증후군 등 스마트폰 관련 질환과 범죄행위가 늘어나며, 불필요한 정보가 홍수처럼 넘치는 것도 문제다. 각종 광고와 거짓 정보는 물론 음란행위 동영상에다 행운의 편지 따위, 불특정다수를 불편하게 하는 전송행위는 사전에 차단하는 시스템이 마련돼야 할 것이다.

어떤 관광지에서 친구와 택시를 탄 적이 있었다. 택시에서 내려 기념탑 앞에서 사진촬영을 위해 자세를 잡던 중 비명을 지르며 친구의 얼굴이 까맣게 변했다. 무슨 일이냐고 물으니, 휴대폰을 택시 뒷좌석에 두고 내린 것 같다는 것이었다. 택시는 이미 시야에서 사라진 지 오래고, 택시와 관련된 어떠한 정보도 없는데…….

나의 폰으로 전화를 걸어보았다. 신호는 가는데 받지 않았다. 또 다시 연결을 시켜보았지만, 안 받기는 마찬가지였다. 폰 케이스에 신용카드도 들어있다며 발을 동동 구르는 친구 모습에, 다시 통화를 시도해보았다. 한참 신호가 울리고 나서, 반가운 남성의 목소리가 들려왔다. 조금 전에 내렸던 기념탑 앞으로 돌아와 주시면 정말 고맙겠다며, 허공에다 몇 번이나 절을 했는지 모른다.

스마트폰이 없다면 어떤 일이 일어날까? 일주일에 단 하루, 아니 한 달에 단 하루라도 스마트폰이 없는 상상을 해보자. 허전한 마음에 안절부절못하고 발을 구를 것이며, 시간을 어떻게 보내야 할지 모르는 바보가 될 수도 있겠다. 실제로 외출을 하면서 스마트폰을 두고 나갔을 때, 괜스레 마음이 초조하고 오지 않을 전화가 왔을 것만 같은 조바심에 미처 볼일을 보지 못하고 발길을 돌려야할 때가 있다. 또는 폰으로 연락하자며 약속장소를 제대로 정하지 않고 나갔다가, 곤란을 당하는 경우도 있다.

특히 여행이나 중요한 일을 앞두고 스마트폰을 잃어버렸을 때, 그런 낭패가 없다. 얼마나 가슴이 답답하고 불안할까. 열차표와 신용카드도 폰에 저장이 돼 있고, 여행 스케줄이나 숙소의 위치, 연락처도 폰이 알고 있다. 잠시라도 스마트폰이 없는 상상을 할 수가 없는 이유다. 그렇게 우리는 너무 많은 것을 스마트폰에 의지해버렸다.

하지만 습관은 길들이기에 달렸다. 스마트폰 사용을 줄이고, 그 시간에 다른 취미 활동을 해보는 것은 어떨까. 책을 읽으며 자유로운 상상을 하고, 자연을 바라보며 신선한 공기를 마시는 여유가 얼마나 아름다운지. 그리고 만약을 위해서라도 꼭 필요한 정보는 작은 수첩에 메모를 해두는 현명한 습관도 만들어보자. 비상시 연락을 취할 수 있는 전화번호 몇 개라도.

* 대구일보 아침논단 (2016.10.6.)

현실 같은 영화, 영화 같은 현실

영화를 자주 보는 편은 아니다. 친구 따라 강남 가듯 영화 좋아하는 친구를 따라가는 경우가 대부분이다. 영화를 보는 동안 느낀 감상을 오래도록 기억하는 일도 그리 많지 않다. 다만 실화를 배경으로 재구성된 심금을 울리는 영화나 실제 우리 생활에 있을 법한 영화의 경우 여운이 한참이나 오래 남아있기도 한다.

최근에 본 <터널>이라는 영화가 바로 그런 경우다. 평범한 자동차 판매사원이 딸의 생일잔치를 위해 집으로 가던 중 터널이 붕괴되는 재난을 당하게 되고, 그 속에서 구출되기까지 35일 간의 긴박한 상황을 실감나게 묘사하고 있다. '부실시공'이라는 안전불감증과 한 사람의 생명이라도 소중하게 여기는 소방관의 사명감을 일깨워주는 내용이었다.

큰 줄기를 구성하기 위한 작은 부분에서도 많은 느낌이 있었던 점은 의외의 수확이라고 해야겠다. 도입 부분의, 주유소에서 주유원으로 일하는 고령화 사회에서의 노인의 입지에 대한 영상이 가슴을 찡하게 했다. 귀가 어둡고 행동이 더딘 노인이 주유를 하는데, 계산을 하는 과정에서 소통에 문제가 있었음을 알게 된 관리자는 노인에게 면박을 주며 계산을 대신 한다. 계산을 마친 차가 출발하려고 할 때, 노인이 생수병 2개를 들고 따라가는 장면이 있다. 만약 그 생수병이 아니었다면 영화는 어떻게 전개가 되었을까.

무엇보다 물에 대한 소중함을 다시 한 번 돌아보는 계기가 된 것을 다행으로 여긴다. 0.5리터짜리 생수 2병으로 구조를 기다리며, 주인공이 물병에 눈금을 그어가며 조금씩 아껴 마시는 장면에서 관객의 목에서도 침 삼키는 소리가 들렸다. 더구나 뜻밖에 만난 또 다른 희생자에게 물을 나눠줘야 했을 때의, 말로 표현할 수 없는 일그러진 표정. 생수병의 물이 바닥을 드러내자, 어지럽게 뒤엉킨 콘크리트 더미에서 튀어나온 철근 토막 끝에 매달린 한 방울의 물이 얼마나 귀하게 여겨졌는지. 결국 자신의 오줌을 받아서 마셔야 하는 지경에까지 이른다.

주변에서 그런 재난은 일어나지 않기를 바란다. 하지만 그런 불의의 사태가 일어난다면, 어떻게 할 것인가. 최근 연이어 우리를 공포에 몰아넣은 강력한 지진과 태풍으로 인한 피해를 실제로 경험하면서, 영화 같은 일이 일어나지 않으리라는 보장이 없다는 생각에 걱정이 앞선다.

가을 태풍 '차바'는 곳곳에 산사태와 도로 유실과 하천의 범람 등으로 인명 피해는 물론 상상을 초월한 재산 피해를 가져와 우리를 매우 놀라게 했다. 일각에서는 '설마 하는 안이한 태도가 화를 키웠다'며 목소리를 높이고 있지만, 특정인을 나무라기보다 우리 사회 전반에 만연한 위기의식의 부족에 반성과 초점을 맞춰야할 것 같다. '태풍에 대비해 하천 주변에 주차된 차량을 이동하라'는 문자에 거부반응을 보인 시민들의 차가 흙탕물 위로 둥둥 떠다니는 모습은 무엇을 말하는 것인지. 해운대 마린시티의, 전망을 앞세운 반대에 부딪혀 방호벽의 높이를 규정보다 낮게 설치할 수밖에 없었던 것은 누구의 잘못인지.

예상하지 못했던 태풍의 위력 앞에서 시민들이 힘을 합쳐 생명을 구하는 현장이 곳곳에서 목격이 되었다. 또한 태풍으로 고립된 차량에 사람이 있다는 신고를 받고, 소중한 생명을 구하기 위해 뛰어들었던 119 구조대원이 실종 후 시신으로 발견돼 주변을 안타깝게 했다. 여수 오동도 방파제에서 발목이 골절된 상태에서도 몸을 던져 생명을 구한 해양경찰의 희생정신 앞에 고개를 숙이지 않을 수 없다.

반나절 만에 생존의 터를 휩쓸고 지나간 태풍, 영

화 같은 현실이 우리 앞에 일어나고 말았다. 몇 년 전 상영됐던 <해운대>라는 영화를 보면서 너무 지나친 과장이 아닌가 싶기도 했다. 하지만 태풍 차바가 좀 더 시간을 지체했다면 얼마나 더 큰 상처를 남겼을까 생각만 해도 오싹해진다.

영화는 보는 사람의 입장이나 시각에 따라 많은 차이를 드러낸다. 혹자는 주인공 한사람의 원맨쇼였다는 반응을 보이기도 했고, 주연급 배우들의 연기력에 감탄을 하기도 했으며, 정부 관료들의 과시용 행태나 언론의 경쟁적 취재 방식을 꼬집음에 대리만족을 느끼는 이들도 있었다. 영화는 시간의 제약으로 더 많은 것을 보여주지 못했지만, 그 이상의 것을 우리는 충분히 상상할 수가 있을 것 같다.

* 대구일보 아침논단 (2016.10.12.)

황당한 생일 축하

친구가 며느리에게 보낼 생일 선물을 준비하느라 행복한 고민을 하는 모습에 나도 따라 즐거웠다. '동양란이 나을까? 서양란이 나을까? 케이크는 어떤 것이 좋을까?' 보내는 사람도 저렇게 설레는데, 받는 사람은 얼마나 행복할까. 나도 그런 진심 어린 선물을 받고 싶다는 욕심이 마음 한 구석에 자리를 잡은 것이, 불과 며칠 전 일이었다.

잠결에 문자가 도착했다는 알림 신호가 몇 차례 들렸지만, 그러려니 했다. 잠시 후 연속으로 울리는

딩동 소리에 눈을 비비며 일어나보니, 페이스북과 전자우편 등으로 여러 건의 생일 축하 메시지가 도착해있었다. 오늘이 며칠이지? 머리를 긁적이다가, 피식 웃음이 났다. 실제 생일은 아직 한 달이나 남았는데…….

그래도 나를 기억하고 문자를 보내주는 사람이 있다고 생각하니 기분은 좋았다. 일일이 답장을 보냈다. 조금은 과장된 감정을 표현하기도 하고, 가까운 사람에게는 미리 받는 축하도 나쁘지 않다며 사실을 알리기도 했다. 사진으로 보내온 케이크에는 매우 화려한 꽃 장식에 와인이 곁들여 있는가 하면, 지폐의 종류별로 동그랗게 말아 3층탑을 쌓은 것도 있고, 고깔모자를 쓴 소년이 두 손으로 공손하게 케이크를 들고 있는 이모티콘도 있었다. 얼마나 재미있는 발상인지, 입꼬리가 저절로 올라갔다.

상기된 표정으로 늦은 아침밥을 먹고 있을 때, 한 통의 전화가 걸려왔다. 1588로 시작되는 금융기관의 번호인 것 같아 받지 않으려다가 은행과의 거래를 생각하여 전화를 받았다. 상대편 목소리는 ○○고객님이 맞느냐고 이름을 확인한 다음 "고객님의 생일을 축하드립니다. 오늘 행복한 하루 보내시라고 전화드렸습니다."라며 쉼표 없는 문장이 이어졌다.

생일 축하라면 페이스북 등 온라인 마당에서 이미 주고받았기에, 고개를 끄덕이며 고맙다는 인사를 했다. 그리고 한마디 덧붙였다. "축하 전화는 고마운데, 시정이 좀 되었으면 좋겠다."고 말이다. 잘못된 것이 있느냐고 반문하기에, "생일이 음력인데, 이왕 생일 축하 전화를 하려면 확실하게 하는 것이 옳지 않겠느냐"는 의견이었다. 생각지 못한 내용을 접수한 여성은 당황한 듯 기계적인 멘트를 했다. "아, 정보 변경 말씀이세요? 여기는 고객지원센터이니, 정보 변경을 원하시면 ○○번으로 전화를 하셔야 됩니다."라고. 더 이상의 통화가 무슨 의미가 있을까. 알았다며 전화를 끊었지만, 돌을 씹은 듯 입맛이 싹 달아나고 말았다.

참 답답하고 융통성이 없는 직원이라 싶었다. 기

관의 얼굴인 고객지원센터라면 적어도 고객의 의견을 참고하겠다거나 시정할 수 있도록 노력하겠다는 응대가 마땅하다고 생각되는데, 뒷맛이 매우 씁쓸하고 아쉬움이 컸다. 주민등록번호의 자릿수에 따라 정해진 날짜에 빠짐없이 전화를 하는 것은 자신의 몫이며, 그 외의 사항은 다른 데서 알아보라는 식의 대응방식은 개선이 필요한 과제가 아닌가 싶다.

그런 전화라면 차라리 하지 않는 편이 옳다고 본다. 마음이 없는 기계적으로 훈련된 말 한 마디로 어떻게 행복한 하루를 보내게 되리라고 생각을 했을까. 즐겁게 주고받은 축하 인사와 농이 섞인 답장으로 행복해지려던 마음에 찬물을 끼얹은 듯 기분이 서늘해지고 말았는데. 혹자는 페이스북 게시판에 미리 공지를 하기도 한다. '오늘은 저의 생일이 아닙니다. 음력으로 환산되지 않은 생일 알림에 오해 없기를 바랍니다.'라는 내용을 과감하게 올리는 지인을 보았기에 하는 말이다. 준비 없는 축하인사에 일일이 변명을 하기도 구차하고, 외면하기도 어려운 것이 사실이다.

정보의 과잉 수집과 사용도 문제다. 대상이 너무 많아 건건이 확인하는데 어려움이 있다면 생일에 대한 정보를 수집하지 말아야할 것이며, 고객 확보 차원에서 정보를 수집했다면 올바른 날짜에 맞춰 전화하는 성의를 보여야할 것이다. 음력으로 생일을 표시하는 사람이 극소수라면 몰라도, 일정 세대 이상의 경우 대다수가 음력을 사용한다는 사실을 알면서도 형식에 지나지 않는 전화를 한다면 고객을 황당하게 할 뿐이다.

특정 목적을 위해 수집한 정보를 목적 이외의 생일 축하용 전화를 걸기 위한 자료로 활용하지 않기를 바란다.

* 대구일보 아침논단 (2016.10.20.)

제주올레, 친환경축제의 현장에서

시월의 하순, 바람 많은 제주의 동쪽 광치기 해변에서 거센 비바람과 함께 걷기 행사가 시작되었다. 연례행사로 치러지는 축제 참가를 위해, 명절을 손꼽아 기다리는 어린아이처럼 마음을 설레게 하는 행사가 그리 많지는 않을 것이다. 다행히도 나에게는 축제가 끝나자마자 다음해를 기다리게 되는 그런 설렘이 있으니, 소개하지 않을 수 없다. 바로 <제주올레 걷기축제>다.

일기예보를 미리 확인하지 못한 일부 참가자가 발

길을 돌리기는 했지만, 대부분 비옷을 걸치고 해변과 오름을 따라 길을 걸었다. 중간지점에 이르렀을 때, 텐트로 비를 가린 무대에서 신나는 밴드 연주와 귀에 익은 대중가요에 어깨를 들썩이며 장단을 맞추는 참가자들을 보는 것만으로도 흥겨웠다. 점심시간, 싱싱한 소라와 조개를 다져넣고 가마솥에서 오랜 시간 끓여낸 바당죽을 먹기 위해 길게 줄을 서서 기다리면서도 '이것도 추억'이라며 깔깔거리고 손뼉을 치는 참가자들의 모습에 '누가 시켜서 하는 일이면 저렇게 즐거울까' 싶어 입가에 미소가 번졌다.

매년 가을 (사)제주올레가 주관하는 제주올레 걷기 축제는 하루에 한 코스씩 15㎞ 내외의 거리를 걸으며, 제주 고유의 풍습과 다양한 문화행사와 토속음식을 맛볼 수 있다. 뿐만 아니라 일회용품을 사용하지 않고, 길에 버려진 쓰레기를 줍는 '친환경축제'라는 데 더 큰 참가의 의미가 있다. 무엇보다 좋은 것은 대중교통으로 접근이 가능하고, 혼자라도 제주올레 표식만 따라가면 된다는 것이다. 느긋하게 걸으며 제주의 바다와 들판과 오름과 마을을 따라 구불구불 쉼표를 찍고, 돌과 바람과 숲과 변화무쌍한 하늘을 바라보며 자연과 환경을 깊이 생각해볼 수 있는 기회를 가지는 것도 좋다.

제주올레는 제주 섬의 가장자리를 따라 총 425㎞, 26개 코스(공식코스 21개, 가지 코스 5개)가 개발되었다. 올해는 제주의 동쪽인 1코스와 2코스를 종점에서 시작점을 향해 거꾸로 걷는 방식으로 진행됐는데, 첫날은 광치기 해변에서 시흥초등학교까지 15㎞를, 둘째 날은 온평포구에서 광치기해변까지 14.5㎞를 걸었다. 시작부터 끝까지 걷기만 하는 것이 아니라, 중간중간 마련된 문화행사가 몸을 쉬게 하는 동시에 마음의 여유까지 더해준다. 특히 길 위에서 펼쳐지는 춤과 연주, 노래 등 흥겨운 무대는 출연자와 관객이 호흡을 맞추는 소통의 기회가 된다. 다만, 올해는 강한 비바람으로 대부분의 공연이 취소되는 등 행사를 제대로 즐기지 못해 아쉬움이 컸다.

제주올레 홈페이지의 걷기축제 공지사항에는 '씻

어서 여러 번 사용할 수 있는 수저와 개인 컵을 가져오라'는 내용이 있다. 5년 전, 축제의 성격을 잘 모르고 참가했을 때 공지사항을 알뜰하게 읽지 못한 탓으로 향기로운 커피를 시식하지 못했고, 토속음식을 제대로 먹지 못했던 기억이 있다. 그 뒤로 친구들에게 제주올레 걷기축제에 참가하려면 개인용 수저와 컵을 챙기라는 말부터 하는 버릇이 생겼다.

행사가 시작되면 출발과 함께 쓰레기봉투를 나눠준다. 그리고 길 위의 쓰레기를 봉투에 채워오는 사람에게는 별도로 준비한 기념품을 제공한다. 도처에서 참가한 남녀노소 수천 명이 길을 걷는데도 쓰레기가 떨어지지 않는다는 것은 어려운 일이다. 그러나 제주올레 길에는 실제로 쓰레기를 찾아보기가 어렵다. 2011년 이후 매년 걷기 행사에 참가했고, 개별적으로도 걷기 여행을 해보지만 언제 보아도 말끔하다. 주최 측의 행사 취지에 참가자가 공감을 했기 때문이다.

근년 들어, 곳곳에서 계속 축제가 진행되고 있다.

지자체별로 먹거리와 볼거리, 체험활동 또는 벚꽃이나 장미, 국화, 단풍 등 축제의 종류도 다양하다. 하지만 축제의 뒷모습이 어두운 것은 문제다. 구름 같은 인파와 도로를 점령한 차량과 쓰레기가 뒤엉킨 모습은 눈살을 찌푸리게 한다. 행사를 기획하고 진행하는 분들에게, 제주올레 걷기축제에 참가해보기를 권한다. 축제도 즐기고 환경도 살리는 주최 측의 분명한 의지와 참가자가 한마음으로 힘을 모으면 어려울 것도 없다. 삶의 질이 향상된 만큼 축제에 참가하는 의식 수준도 향상되어야 할 것이다.

비와 체온으로 옷이 젖었다 마르기를 반복하는 중에도 포기하지 않고 끝까지 걸었던 것이 뿌듯했다. 내년 행사 때는 비가 내리지 않기를 바라며, 벌써부터 기다리는 마음이 싹트기 시작한다.

* 대구일보 아침논단 (2016.11.3.)

마음을 읽어주는 사회

쉽고도 어려운 말

결코 먼저 연락하는 일이 없던 친구에게서, 전화가 왔다. 반가웠다. 밀린 안부와 주변 이야기로 귀가 아프도록 통화를 했다. 통화를 하던 중 친구가 하고 싶은 말이 따로 있을 것 같은 예감에 유도심문을 해보았다.

역시, 친구는 가슴앓이를 하고 있던 중이었다. 주말부부로 살면서, 몇 주 만에 만난 남편과 사소한 문제로 말다툼을 했다는 것이다. 예순을 바라보는 나이에, 부대껴 살다보면 말다툼 정도야 일상생활이 아니던가. 서로 의견이 다를 때, 자신의 주장을 관철시키기 위해 목소리를 높여야하는 일이 얼마나 많은데. 그렇지만 이번만큼은 한참 시간이 지났는데도 마음에 안정을 찾지 못해 불편을 겪고 있다는 것이다. 감정을 이기지 못해 내뱉은 말이 독이 되어 가슴을 짓누르고 있으니, 이를 어쩌면 좋으냐고 울먹이기까지 했다.

말이란 무엇일까?

말은 사람의 생각이나 느낌을 표현하고 전달하는 수단이다. 무엇보다 조심스러워야 하는 것도 말이다. 너무 많이 해도 탈이 되고, 너무 하지 않는 것도 답답하다. 한마디 말로 천 냥 빚을 갚을 수도 있고, 누군가에게는 독이 될 수도 있으니, 참으로 쉽고도 어려운 것이 말이 아닌가 한다.

직장이나 사회생활을 통해서도 말로 인해 빚어지는 오해가 무수히 많다. 순간을 참지 못하고 뱉어버림으로써 서로 간에 상처를 주고, 불의의 사고로 이어지는 불씨가 되기도 한다. 우리 사는 모습을 대변

하는 TV 드라마나 미니시리즈 등에서도 그런 장면을 종종 목격한다. 지위를 이용해 함부로 상대방을 무시하거나 비하하는 발언으로 오해를 사기도 하고, 가슴 속에 숨겨진 말을 제때 표현하지 않아 문제를 키우는 사례도 있다.

친구로서 따뜻한 충고라도 해주어야 될 것 같았다.

마음이 조급할수록 서두르는 것은 금물이다. 일단, 내려놓으라고 했다. 그리고 인내와 용기를 가져보라고 했다. 한 가지 생각에 너무 집착하다보면, 부정적 인식이 실타래 엉키듯 엉키어 정신건강에 해를 끼칠 수 있다. 직접 사과를 하고 화해를 하는 방법이 제일 좋겠지만, 그것이 어려울 때 둘러가는 길을 택할 수도 있을 것이다.

사람이 살아가는 모든 일에는 상대성이라는 것이 있다. 다툼이란, 일방적인 잘못이라기보다 의견차이나 실수 또는 오해로 빚어지는 경우가 대부분이다. 그럴 수밖에 없었던 당시의 상황이나 기분을 차분하게 되짚어보고 생각을 정리하다보면 어느 정도 고개가 끄덕여지기도 할 것이다. 누구라도 그랬을 것이라는 긍정의 합리화도 마음을 가라앉히는데 도움이 될 것 같다. 그리고 조금만 참거나 다른 표현을 할 수도 있었을 것이라는 반성과 함께 마음의 짐을 줄여보는 것이다. 시간이 지나 마음이 조금 가벼워졌을 때, 본질을 살짝 벗어나 다른 용건으로 문자를 보내거나 카카오톡kakao talk을 해보는 등 반응을 기다려보는 것은 어떨까.

'가는 말이 고와야, 오는 말이 곱다.', '가루는 칠수록 고와지고, 말은 할수록 거칠어진다.'거나 "아'다르고, '어'다르다.' 등 말과 관련된 속담도 많다. 실수를 하기가 쉽다는 것이다. 현명한 대화법에도 1.2.3의 법칙이 있다. 한 번 말하고, 두 번 고개 끄덕이며, 세 번 들으라는 것이다. 어지러운 세상에, 말을 하되 가려서 해야 한다는 깊은 뜻이 담겨있다.

한 박자 느리게 말을 하는 연습도 필요하다. 잠깐만이라도 고개를 들어 하늘을 보거나 깊은 숨을 내쉬는 것이다. 그러는 사이, 아슬아슬한 위기의 순간은 지나간다. 때로는 송곳보다 뾰족하고, 칼날보다 날카로운 말. 이미 뱉어진 말은 돌이키기가 어렵다. 문자로 기록을 하지 않았다 해도, 정신의 기억회로에 저장이 되기 때문이다.

거듭 강조하지만, 가까운 사이일수록 배려하고 조심해야 하는 것이 말이다. 상대방의 입장에서 생각하고 거기에 맞춰 말을 할 수 있는 배려야말로, 생활의 기본이면서도 쉽게 놓치게 되는 일 중 하나다. 친구에게 다시 권유를 해본다. 마음의 그릇을 키워보라고. 자신의 마음이 여유로울 때, 상대방을 생각할 수 있는 것이 인지상정이니까.

부디, 친구의 아픔이 오래 가지 않고 지혜롭고 원만하게 해결되기를 바라는 마음 간절하다.

* 대구신문 달구벌아침 (2015.9.11.)

일석삼조 가을 운동을 위한 제언

꽃을 만나고 왔다.

점심시간, 우둔한 뱃살은 내심 책상머리에서 음악이나 듣고 앉아있기를 원했다. 하지만 출근길에 챙겨 나온 운동화와 양말에게서 '하루도 실천을 하지 못하느냐'고 비난 받을 일을 생각하니 마음이 무거웠다. 짧은 갈등을 뿌리치고, 신발 끈을 묶었다. 햇빛 가리개 하나 달랑 챙겨 들고.

수목원 입구에는 작년에 보지 못했던 어린 '석산'이 발그레한 얼굴로 부끄럼을 타고 있었다. 반가웠다. 저 많은 꽃씨가 어디서 날아왔을까. 화단의 이름표를 바꿔 달아야 할 만큼 석산은 여러 군데 널리 번져있었다. '꽃무릇'으로도 불리는 석산. 그 역시 꽃과 잎이 만나지 못하는 가슴 아픈 사연을 지닌 상사화속(屬)에 해당된다고 하니, 수줍어하는 모습이 더욱 애잔해보였다. 꽃은 9~10월에 붉은 색으로 피고, 열매를 맺지 못하고 꽃이 떨어진 다음 짙은 녹색의 잎이 나와 다음해 봄에 시든다고 한다.

한방에서는 비늘줄기를 약재로 사용하며, 인후 또는 편도선이 붓거나 림프절염·종기·악창에 효과가 있고, 복막염과 흉막염에 구토제로 사용하며, 치루와 자궁 탈수에 물로 달여서 환부를 닦는데 사용한다고 한다. 또한 비늘줄기는 여러 종류의 알칼로이드 성분을 함유하여 독성이 있지만, 이것을 제거하면 좋은 녹말을 얻을 수 있다고 한다. 꽃모양 못지않게 쓰임새도 고맙다.

나무 발판을 따라 조금 더 올라가보니 보라색 꽃이 반가움의 손을 흔들고 있었다. '꽃범의꼬리'였다.

방향을 돌려 내려오는 길에는 키 작은 '좀개미취'와 '벌개미취'가 연보라색 물결을 이루었고, '층꽃나무'도 보라색의 대열에 합류하고 있었다. 행복한 종말이라는 꽃말을 가진 붉은 '칸나'와 노란색으로 무리를 지은 '마타리'도 혼자 보기가 아까웠다.

여름의 끝 무렵, 여러 차례 비가 내리고 낮 동안의 볕이 좋았던 덕분일까. 꽃들의 색깔은 어느 때보다 밝고 선명했다. 수목원에는 꽃도 많지만, 나무도 많다. 새소리 또한 아름답다. 그러나 오늘의 산책은 깨끗한 얼굴로 방글거리는 꽃들에 반해 울창한 나무도 새들의 노래 소리도 안중에 없었다. 다만, 꽃을 만나러 갔다는 기억뿐.

한낮의 햇살은 아직도 눈이 부시지만, 아침저녁 선선한 바람이 가을이 성큼 다가왔음을 알리고 있다. 무언가 새로 시작하기에 적당한 시기가 아닌가 한다. 이럴 때일수록 하루 30분 정도 햇볕을 쬐는 것이 건강에 좋다는 사실을 익히 알고 있으면서도 쉽게 발걸음을 떼지 못하는 것은 무슨 말로 변명을 할 수 있을까.

가을 운동이 필요한 이유는 충분하다. 살찌기 쉬운 계절에 적정 체중을 유지하고, 날씨가 추워질수록 급증하는 심혈관 질환의 위험을 줄이며, 일교차가 심한 때 감기 등에 대비한 면역력과 체력을 보강하는 데도 도움이 되기 때문이다.

그렇다면, 가을 운동을 어떻게 하면 좋을까.

첫째, 적정 수준의 운동이 중요하다. 특히 고혈압, 당뇨병, 이상 지질혈증 환자 등은 일교차가 큰 가을철에 혈관이 수축되면서 자칫 합병증을 자극할 수도 있으므로, 하루 운동량은 수영 20분, 자전거 1시간, 산책은 1시간 20분 정도가 적당하다.

둘째, 준비운동은 필수다. 운동 전에 인체가 대비할 수 있도록 심장박동수를 증가시키고 체온을 올려 혈류량을 높이는 준비운동을 하자. 운동 중에는 탈수를 방지하고 적절한 수분 보충을 위해 물이 필요하다. 특히, 당뇨환자의 경우 저혈당 방지를 위해 사탕이나 초콜릿 등을 휴대하는 것도 잊지 말자.

셋째, 몸 상태가 안 좋고 피로할 때는 운동을 쉬거나 운동 시간을 단축하는 것도 건강을 지키는 요령이다.

가을은 운동을 하기에 좋은 계절이다. 출퇴근길이나 등하굣길에 걸어서 이동하기, 점심시간에 산책하기, 엘리베이터 대신 계단 이용하기 등 일상생활에서 큰 노력을 들이지 않고도 운동을 습관화할 수 있다. 이쯤 되면, 점심시간 산책은 꽃도 보고 건강도 챙기는 일석이조가 아닌가. 거기다 마음까지 풍성해지니, 일석삼조다.

건강을 위해 산책을 나서기보다 꽃들이 나를 기다리고 있다는 생각을 하면, 더욱 가슴이 뛰고 발걸음은 가벼워지리라.

* 대구신문 달구벌아침 (2015.9.25.)

우리말 사용 왜 멀리하나?

얼마 전, '인천 남구 도화동 뉴스테이 착공식' 소식이 언론을 통해 널리 보도가 됐다. 뜻을 알아보니, 중산층 주거 안정을 목표로 정부가 역점을 두고 추진해온 '기업형 임대주택'이라고 한다. 즉, 민간회사가 건설과 운영을 하는 장기임대주택이라는 것이다.

박 대통령께서는 착공식장에서 인사말을 통해 '뉴스테이는 주택의 개념을 소유에서 거주로 전환하는 중산층 주거 혁신의 결정적 계기가 될 것'이며, '임대수요가 풍부한 지역을 뉴스테이 공급 촉진지구로 지

정해 사업 부지를 확보하고 이를 적극 활용토록 할 것'임을 강조했다고 한다.

그런데, 왜 '뉴스테이New Stay'인가?

임대의 조건이나 방식을 세입자가 안정적으로 거주를 할 수 있도록 개선했다는 내용을 우리말로 표현하기가 어려웠던 것일까. 평소 신문방송 등 언론기사를 대하면서 우리 사회에 만연한 외국어 남용에 걱정을 하고 있던 터에, 정부가 역점을 두고 추진해 온 서민지원 정책에까지 그런 표현을 쓴다는 것은 아무래도 지나친 것이 아닌가싶다.

한편에서는 유물과 유적, 고유의 양식들을 세계문화유산으로 등재하는 등 우리 것을 온전하게 지키기 위해 노력을 기울이고 있다. 우리나라에서 제작된 영화나 방송, 음악, 패션 등이 해외에서 인기를 얻고 있는 한류韓流문화 역시 날이 갈수록 분야를 넓혀가고 있다. 뿐만 아니라, 다른 나라 사람들이 한글을 배우기 위해 대학에서 전공과목으로 공부를 하기도 한다.

그런 마당에, 스스로 우리말을 접어두고 외국어

사용에 집착하는 것은 옳지 못한 처사라 여겨진다. 심지어 '하우스 막걸리'라는 표현이 사용되는 것을 보면서, 우스운 생각이 드는 것도 사실이다. 집주인이 직접 만든 독특한 맛의 순수 우리 술 막걸리에, 굳이 '하우스'라는 영어로 덧칠을 해야 전통의 맛이 더욱 살아날까.

근년 들어 스마트폰 보급이 확산 일로를 걸으면서, 세대 간에도 소외감을 느낄 때가 있다. 먹방, 심쿵, 극혐, 낄끼빠빠 등 젊은 층의 줄임말 사용은 차라리 귀엽고 기발하기까지 하다. 거기다 낫닝겐(낫(not)+닝겐(인간이라는 뜻의 일본어)), 브금(bgm, 배경음악), 어그로(aggressive, 관심을 끄는 사람) 등 아리송한 용어에도 그냥 웃고 말아야 할지…….

뉴스를 보거나 신문을 읽다가 어려운 외국어로 불편을 겪는 국민이 얼마나 많은지 생각해 보았을까.

혹자는 국제화 운운하며, 시야가 좁다고 나무랄지도 모르겠다. 하지만 굳이 외국어를 사용해야 뜻이 전달되는 경우라면, 한글 옆에 원어를 표기해주는 것

이 마땅하다. 물론 뜻도 풀이를 해주면 더욱 고마운 일이다.

'스마트 톨링' 관련 기사를 읽었다. 무정차, 다(多)차로 기반의 고속주행 환경에서 자동요금 지불이 가능한 차세대 하이패스 시스템이라고 한다. 어떤 지역에서는 농산물을 이용한 다양한 '테라 푸드 단지'를 조성한다고 하고, 인구 노령화와 건강에 대한 관심의 증가로 '스마트 건강 케어 센터'를 건립한다는 소식도 있다. 기존의 치료 부문 의료서비스에다 최첨단 ICT 기술을 접목해 질병 예방 및 관리개념까지 합친 전반적인 건강관리사업을 말한다는 것이다.

그 밖에도, 우리말을 두고도 예사롭게 외국어로 표현하는 사례가 적지 않다. 메디 스퀘어, 멘탈 클리닉, 펀드 멘탈, 데코 페어, 카 쉐어링 등 어렵고 낯선 단어들이다. '오픈 프라이머리'를 '국민 참여 선거'로, '스마트 헬스 케어'를 '최첨단 의료서비스'로 표현하면 무엇이 문제인가? '아너 소사이어티'를 '고액 기부자 모임'이라고 하면, 모금액수가 줄어들기라도 한다는 것인가?

초등학교 주변의 '그린푸드 존'을 '안전식품 지대'라고 하면 친근감에 오히려 불량식품이 스스로 뒷걸음질을 할 것 같은 예감이 든다. 경제적 어려움에 처한 사람에게 하우스 푸어, 워킹 푸어 같은 애매한 용어보다 참여자나 수혜자 입장에서 쉽게 이해할 수 있는 용어를 사용해주기를 바라는 것은 아득히 먼 훗날의 일일까?

좋은 뜻에 좋은 우리말 사용. 우리말과 우리글의 우수성을 말로만 내세울 것이 아니라, 몸소 실천해야 한다.

* 대구신문 달구벌아침 (2015.10.6.)

자식 자랑 팔불출

'고슴도치도 제 새끼는 함함하다고 한다'는 속담이 있다. 내리사랑이라고, 사람이나 동물이나 자식에 대한 사랑은 끝이 없다는 말이다. 그렇다. 자기가 낳은 자식이니 오죽 예쁠까. 하지만, 사랑하는 방법에 문제가 있는 것 같다.

연휴를 이용해 사찰을 방문할 기회가 있었다. 친구가 다니는 절로, 넓은 부지에 나무가 많고 정원 관리가 아주 정결하여 종교와 관계없이 편안하게 경관을 감상할 수 있어 이전에도 몇 번 다녀갔던 곳이다.

버스터미널에서 절까지의 거리는 3㎞ 정도. 멀지는 않지만, 도로 사정상 걸어서 다니기에는 조금 위험하고 불편한 점이 있다. 그러나 다행하게도 사찰 측에서 신도들을 위해 정기적으로 차량을 운행하고 있기에, 힘들여 걷지 않고도 정해진 시간에 정해진 곳에서 차를 기다리기만 하면 되니 얼마나 좋은가.

그날, 12인용 승합차에는 정원보다 많은 남녀노소가 몸을 부딪혀가며 따닥따닥 붙어 앉게 되었다. 그 중에는 유난히 목소리가 큰 여성이 있었다. 대여섯 살 정도의 어린 남매를 동반한 삼십대 중반쯤으로 보이는 아주머니였다. 차에 오르면서부터 좌중에 아랑곳하지 않고 거침없이 큰 소리로 말을 하는 것이, 자신이 마치 절에서 상당한 위치를 차지하는 주인이라도 되는 듯 당당한 행세가 몸에 밴 것처럼 보였다.

처음에는 아이들에게 주의를 촉구하려는 뜻인 줄 알았다. 하지만 그것이 아니라는 사실을 감지하는 데는 긴 시간이 필요하지 않았다. 천방지축 까불고 떠들어댈 줄 알았던 아이들은 의외로 차분했다. 그런데, 엄마가 아이에게 연신 같은 질문을 반복하는 폼이 자식의 영리함을 다른 승객들이 알아봐 주기를 갈망하는 것 같았다.

"집에 사과가 3개 있는데, 아빠가 5개를 더 사왔으면 모두 몇 개냐?" "거기서 누나에게 사과 2개를 주면, 남은 것은 몇 개냐?" 등의, 아이가 셈을 할 수 있는 10개 이내의 문제를 카랑카랑한 소프라노의 목소리로 계속 반복하는 것이 아닌가. 서너 차례 대답을 하던 아이도 얼마 지나지 않아 시큰둥한 표정으로 딴청을 부리는데, 그럴수록 더욱 집요해지는 엄마의 질문공세가 안쓰러울 지경이었다.

주변에 앉은 승객들이 힐끔힐끔 쳐다보기도 했다. 하지만, 차가 목적지에 도착할 때까지 잠시도 쉬지 않고 질문이 이어졌다. 이심전심이었을까. 거리가 가까우니 조금만 가면 될 것이라는 생각에 간신히 참았다며, 차에서 내리는 승객들은 가느다란 눈짓으로 말을 대신했다. 마음 한 구석 '어린아이가 셈을 참 잘한다' 싶다가도, 다중이 이용하는 차에서 혼자 떠들어대는 엄마의 행태가 볼썽사나워 칭찬의 목소리가 나오지 못했다는 것이 솔직한 표현일 것이다.

누구라도 문제를 척척 알아맞히는 아이에게 칭찬 한마디쯤 해주었더라면 그렇게까지 목소리를 높이지 않을 수도 있었을 것이라는 생각이 드니 공연히 웃음이 나고, 한편으로는 미안한 마음도 없지 않았다. 하지만, 또 누군가가 조용히 해달라는 요청이라도 했더라면 작은 언쟁이 벌어질 수도 있었을 것이라 싶으니 참기를 정말 잘한 것 같았다.

과유불급過猶不及이라고 한다. 너무 지나치면 부족한 것만 못하다는 이야기다. 그런가 하면 자식 자랑하는 사람을 팔불출이라고도 한다. 몹시 어리석은 사람을 이르는 말이다. 어린아이가 똑똑하면 얼마나 똑똑하며, 어리석으면 얼마나 어리석을까. 굳이 말로써 증명을 하려 하지 않아도, 조용히 자리에 앉아있는 것만으로도 아이는 충분히 바르고 착하다는 것을 알 수 있는데 말이다.

하긴 자식 자랑이 하고 싶어 안달이 난 아이의 엄

마로써, 자랑하고 싶은 자식이 없는 사람은 그 마음을 이해하지 못할 것이라고 항변을 할지도 모르겠다. 그러나 엄마의 지나친 말과 행동이 주위의 반감을 사게 됨으로써, 자식의 진가가 오히려 묻혀버린다는 사실은 왜 알지 못할까.

'말 많은 집은, 장맛도 쓰다'는 속담이 있다. 고대 그리스의 철학자 아리스토텔레스는 '말이란, 인간에게 불필요한 사치품'이라고 말했다 한다. 필요한 말만 하라는 뜻이다. 말이 많으면 쓸 말이 적다는 것은, 동서양을 막론하고 같은 생각인 모양이다.

* 대구신문 달구벌아침 (215.10.20)

친환경 운전왕 선발대회를 치르며

메마른 대지에 촉촉하게 내리던 가을비로 하늘이 부쩍 높아진 지난 주말, 대구지방환경청에서는 <2015년 친환경 운전왕 선발대회>를 개최했다. 최근 온실가스와 에너지 문제에 국민적 관심이 높은 가운데 친환경 운전을 범국민 실천 운동으로 확산하고, 이를 통해 온실가스 감축과 에너지 절약 분위기를 조성하고자 마련된 것이었다.

평가는 정해진 구간을 주행한 후 연료소모율(80점)과 운전습관(20점)을 합산하는 방식으로, 반환점에서

운전자를 교대하는 등 참가자 전원의 친환경 운전을 유도했다. 이에 24개 팀 48명 참가자의 열띤 경기와 환경 노래 부르기, 참여활동 등 부대행사로 이어진 훈훈한 분위기를 대변하는 고무적인 현상 두 가지를 소개하고자 한다.

대회에서 우승을 차지한 운전왕 팀은 주행연비 18.3㎞/ℓ로 출고표시연비보다 무려 4.4㎞/ℓ가 높은 성적을 거뒀다. 매일 130㎞를 운행하는 직장인으로서 많은 연료비에 부담을 느끼던 중 경제운전을 위해 정속주행을 실천해왔다는 수상 소감으로, 좋은 운전습관이 연료비를 줄일 수 있다는 설명을 대신해주었다.

또 지난해 대회에서 입상하지 못했던 참가자가 친환경 운전에 대한 요령과 지혜를 익히고 운전습관을 바꾸어 다시 참가해, 우수한 성적으로 수상을 했다는 사실이다. 대회에 참가하는 것만으로도 친환경 운전에 대한 동기를 부여하기에 충분했음을 입증하는 대목이었다.

비록 참가자의 규모는 전체 시·도민 중 극히 일부에 지나지 않았지만, 대회 현장의 분위기는 '매우 이색적이고 의미 있는 체험'이라며 상기된 표정으로 즐기는 팀과 처음 참가하는 대회에 약간의 긴장감도 감추지 못하는 등 친환경 운전에 대한 인식을 새로이 하는 모습을 엿볼 수 있었다.

친환경 운전은 어떻게 하면 되는지, 그 10가지 지혜를 살펴보자.

경제속도(시속 60~80㎞) 지키기, 3급(급출발, 급가속, 급정지) 하지 않기, 불필요한 공회전 하지 않기, 신호대기 때는 중립 기어, 주행 중 에어컨 사용 줄이기, 트렁크 비우기, 정보운전의 생활화, 내리막길에 가속페달 밟지 않기, 주기적 자동차 점검 및 정비, 유사연료나 인증 받지 않은 첨가제 사용하지 않기 등이다.

통계자료에 의하면 2012년 기준으로 우리나라 전체 온실가스 배출량 중 수송부문이 차지하는 비율이 12.55%라고 한다. 또한 대기오염물질 배출량 중 도로 이동오염원(차량)이 차지하는 비율이 총 미세먼지의 40%였다고 한다. 온실가스를 줄이고, 미세먼지의 주범인 매연을 감소시키기 위해서라도 친환경 운전이 반드시 필요한 이유다. 그뿐 아니라, 에너지 절약과 연료비 절감은 두말할 여지가 없다.

세계는 지금, 올 연말 파리에서 개최예정인 2020년 이후의 신기후체제(INDC) 출범에 촉각이 곤두서 있다. 기존의 온실가스 감축 노력보다 더 높은 강도의 감축을 실천해야 하기 때문이다. 2030년까지 추가적인 온실가스 감축 노력이 없으면, 2100년까지 기온 상승을 2℃ 이내로 제어하기가 불가능하다는 것이다.

온실가스 배출이 가속화될수록 해수면 상승과 홍수, 가뭄, 폭염, 폭한 등 기후변화의 속도 역시 빨라지고 있다. 기상이변으로 인한 피해를 막기 위해 전세계의 정부와 기업, 국민이 힘을 합쳐야 하며, 온실가스 배출을 줄이는 감축 노력과 변화하는 기후에 대한 적응이 함께 이루어져야 한다.

우리나라도 해가 갈수록 겨울은 짧아지고 여름이

길어지고 있다. 강수량은 줄고, 기온은 점차 높아지고 있는 것이다. 중부지방의 가뭄이 심각하다는 소식이 어제오늘 일이 아니며, 기상청은 한반도에도 매우 강력한 '슈퍼태풍'이 발생할 수 있음을 경고한 바 있다.

공통된 가치를 실현하기 위해서는 한 사람 한 사람의 생각과 행동이 생활 속에 스며들어야 한다. 그러기 위해서는 친환경 운전을 비롯한 친환경 생활 실천의 불씨가 될 수 있는 적극적이고 긍정적인 바이러스가 범국민적으로 널리 번져나가기를 희망한다.

잦은 가을비가 고마운 때다. 차간 거리 유지와 주행 속도 줄이기, 타이어 공기압 점검 등 빗길 안전운전에도 각별히 관심을 기울여야 할 것이다.

* 대구신문 달구벌아침 (2015.11.19.)

사진 표정 속 개구리 뒷다리

사진에는 액면으로 보이는 풍경 이상의 많은 것들이 숨어 있다. 오랜 기억이나 기록으로 남기지 못했던 많은 일들이 그 속에서 마술처럼 술술 풀려나오기 때문이다. 그런데 의외로 사진 찍기를 거북해하는 사람들이 있으니, 사진 속의 표정에 대해 이야기를 해보고자 한다.

하긴 사진도 종류에 따라 다르다. 꽃이나 새, 곤충이나 구름 또는 사회의 어떤 현상 등 목적을 위한 사진도 있고, 보고서나 기록 관리의 증거가 되는 사실

위주의 사진도 있다. 하지만 여기서는 특정 목적의 사진보다는 평범한 일상의 인물사진에 대한 이야기를 하려는 것이다.

'사진' 하면 언제나 떠오르는 한 가지 기억이 있다. 몇 년 전, 업무 관계로 가까운 군부대를 방문했을 때의 일이다. 행사를 무사히 마치고, 단체 사진을 촬영하는 시간이었다. 계급사회의 낯선 분위기에 절도 있게 줄을 섰다. 잠시 후 앞에서 카메라를 들고 사진을 찍으려던 병사가 느닷없이 '개구리 뒷다리'라고 외치는 것이 아닌가. 자신은 웃지도 않으면서 말이다. 근엄하던 행사장이 갑자기 웃음바다가 되면서, 표정을 밝게 하라는 주문으로 알고 어깨를 짓누르던 긴장이 한순간에 풀어졌다.

그날 이후로 사진을 찍을 일이 있을 때마다 당시의 기발하고 우스웠던 장면이 떠올라, 다른 사람들의 어색한 표정을 교정해주고는 했다.

일전에, 단짝 친구와 둘이서 제주도로 여행을 다녀왔다. 걷기를 좋아하는 우리는 2박 3일을 오롯이 대중교통 이용과 걷기만을 위해 배낭을 꾸렸다. 마라도 관광과 제주올레 걷기, 유네스코 세계지질공원 탐방에 한라산 등반까지. 가는 곳마다 이색적인 풍광에 사진 찍기를 좋아하는 친구는 절로 신이 나는 모양이었다. 친구는 얼굴이 예쁜 데다 성격까지 밝고 경쾌해, 보는 사람들도 기분을 좋게 하는 묘한 재주를 가졌으니 얼마나 좋은가.

그날도 친구는 배낭을 메고 팔짝팔짝 뛰면서 사진을 찍자고 했다. 내가 먼저 사진을 찍어주고, 같은 장소에서 같은 포즈로 역할만 바꿨다. 나도 나름대로 자연스런 표정을 지었다고 느끼고 있는데, 활짝 웃으라는 것이었다. '보일 듯 말 듯 애매한 미소 말고, 활짝!'이라며, '활짝'이라는 단어에 특히 강조를 하면서…….

평소에 크게 웃는 편이 아닌데, 그게 쉬운 일인가. 이번에는 내가 '개구리 뒷다리'를 소리 내어 말해보았다. 친구는 바로 엄지와 검지를 동그랗게 말아 오케이OK 사인을 보냈다. 그리고 앞으로는 사진을 찍을 때마다 항상 그 구호를 외치라며 배를 움켜쥐었다.

한 장의 사진은 한 편의 글이나 드라마와도 같다. 어린 시절을 추억할 수 있는 단서가 되기도 하고, 사진의 한쪽 귀퉁이에서 잊었던 첫사랑의 흔적을 발견할 수도 있다. 외롭거나 마음이 허전할 때, 옆에 두고 혼자 웃을 수도 있고 울 수도 있는 것이 바로 사진이다.

프랑스의 어느 사진작가는 '사진을 찍는 것이란, 매 순간 강렬하게 인생을 음미하는 것'이라는 말을 했다고 한다. 그렇다. 사진이 있다는 것은, 추억할 일이 있다는 것. 이왕이면 다홍치마라고, 어차피 찍는 사진이라면 그 순간에 최선을 다해 잊지 않을 추억으로 간직하는 것이 좋겠다.

예순을 맞이한 요즘은 불과 몇 년 전의 사진만으로도 세월의 흐름을 느낀다. 눈매가 처지고, 볼이 패이며, 표정이나 자세에서 어딘지 모르게 나이가 들고 있음을 실감하게 되는 것이다. 그렇지만 지금의 표정이 훗날 오래도록 돌이켜보게 될 추억으로 남을 것이라 생각을 하면 단박에 표정이 달라지기도 하는 것을, 아직 청춘이라고 표현해도 될는지 모르겠다.

사진을 찍을 때, 환한 표정을 짓기 위한 구호가 김치면 어떻고 치즈면 어떠랴. '개구리 뒷다리'라도 외치며, 웃는 얼굴은 보는 사람도 미소 짓게 하는데. 그래, 웃음도 전염이 된다고 한다. 한 사람이 웃으면 주변이 밝아지고, 주변이 밝으면 사회가 밝아진다.

'행복해서 웃는 것이 아니라, 웃으니 행복해진다'는 말도 있다. 좋은 사진을 남기기 위해서라도 더 자주 더 많이 웃어보자.

* 대구신문 달구벌아침 (2015.12.14)

마음을 읽어주는 사회

살아가면서 선뜻 마음을 읽어주고 알아주는 사람을 만나기가 어려운 것은, 복잡다단한 사회에서 다른 사람의 기분이나 감정을 보살피기가 쉽지 않은 까닭이다. 그런데, 며칠 전 일로 입가에 자꾸 미소가 번지는 것은 별 것 아닌 일로 큰 감동을 받았던 기억 때문일 것이다.

점심시간이었다. 마음의 여유를 찾아, 골목 어귀의 커피숍으로 갔다. 커피 원두를 사러 다니며, 곱슬곱슬한 파마머리의 주인장과는 제법 낯이 익은 사이다.

앗, 그런데. 좁은 실내가 한눈에 들여다보이는 가게에는 커피 볶는 기계와 깜찍하게 진열된 커피 도구와 아내가 만들어주었다는 일렬횡대로 줄지은 작은 인형과 다육식물과 몇 권의 읽을 만한 책과 예닐곱 개의 각기 다른 테이블과 의자들만이 자리를 지키고 있었다.

출입문 손잡이에는 '원두 배송 중'이라는 메모지가 앙증맞게 팔랑거리고 있었다. 난감했다. 쓰던 글을 다듬기 위해 편안하고 아늑한 장소가 필요했기에, 닫힌 문을 뒤로 하고 돌아서기에는 차마 발걸음이 떨어지질 않았다. 외투 주머니에는 읽어봐 주기를 기다리는 원고가 들어있었으니.

언제쯤 돌아오시려는지 전화를 하려던 참이었다. 그런데 차에 시동을 걸고 가속페달을 밟던 주인장이, 서성이고 있던 나를 보고는 다시 주차를 하는 것이 아닌가. 미안한 마음에 그냥 다녀오셔도 된다고 손사래를 쳐보았지만, 찾아온 손님에게 그럴 수는 없다며 원두 배송을 나중으로 미루고 닫힌 문을 열어주었다.

헛걸음을 하지 않았다는 안도감에 마음이 얼마나 따뜻해졌는지. 케냐와 에티오피아, 코스타리카 산產으로 원두를 주문하고, 푹신한 의자에 깊숙이 기대어 원고를 읽고 있었다. 빠른 동작으로 핸드드립 커피를 내려 온 주인장이, 좋아하는 음악 장르를 물었다. 잠시 머물다 갈 생각인데, 음악이면 다 좋다고 얼버무렸지만 내심 잔잔한 클래식 소품이라도 들려주었으면 좋겠다는 바람을 숨기지 못했다.

곧바로 빠르고 경쾌하던 팝송은 자취를 감추고, 오케스트라의 연주곡이 공간을 물들이기 시작했다. 뮤지컬의 삽입곡으로부터 시작하여 영화주제곡들로 이어지는 팝뮤직pop music은 더욱 가슴을 감미롭게 어루만져주었다. 예정했던 시간을 보내며 마감을 앞둔 원고는 그렇게 퇴고를 하고, 만족스러운 얼굴로 은은한 커피의 향을 남겨둔 채 자리에서 일어섰다.

콧노래가 절로 나온 오후 시간이 어떻게 흘러갔는지 모르겠다. 찾아온 손님을 위해 가던 걸음을 멈추고 돌아와 준 것만으로도 고마운데, 좋아하는 핸드드

립 커피에다 배경음악까지…….

만약 그이가 서비스업 종사자가 아니었다 해도 그럴 수 있었을까? 또는 내가 단골 고객이 아니었다면 어땠을까? 하지만, 그 자체로 고마운 것을. 그이의 친절에 색깔을 덧칠하는 것은 상대방의 순수와 호의를 무시하는 처사일 뿐. 다른 사람의 표정과 행동을 읽고 거기에 걸맞은 표현이나 대우를 해준다는 것은, 다분히 긍정적이고 여유로운 마음이 있을 때 가능한 일이다.

다시 한 번 생각을 해보자. 누군가 나의 마음을 읽어줄 사람이 있다고 믿는다면 얼마나 가슴이 든든하고 뿌듯할까. 엔도르핀 콸콸 넘치는 응대는 아닐지라도, 상황에 따른 안부의 말 한마디라도 건네는 것은 들녘에 씨앗을 뿌리듯 마음의 텃밭에 행복 바이러스를 골고루 뿌려주는 것이나 진배없다.

행복은 저절로 만들어지는 것이 아니라, 자신의 행동이나 습관에서 시작된다고 했던가. 헤어스타일이나 의상이 평소와 달라졌을 때, '잘 어울린다'거나

'젊어 보인다'는 말 한마디만으로도 하루가 달라진다. 나의 작은 관심으로 인해 누군가가 즐겁고 행복함을 느낄 수 있다면, 그 기쁨은 무엇보다 크고 달콤할 것이다.

처세술의 전문가 데일 카네기Dale Carnegie는 '인생은 부메랑과 같다. 자기가 베푼 만큼 되돌아온다.'고 말했다 한다.

푸근한 온기가 그리워지는 계절, 주변으로 눈을 돌려보자. 그리고 표현을 해보자. 서로가 서로에게 전하는 위로와 격려와 칭찬의 말이 훈훈하게 떠다니는, '마음을 읽어주는 사회'는 얼마나 밝고 따뜻할까.

* 대구신문 달구벌아침 (2015.12.25.)

친절 뒤의 단맛과 쓴맛

친절한 사람을 만나면 마음이 흐뭇해지는 것은, 무조건반사처럼 당연한 반응이리라. 친절을 베풀었을 때도, 상대방이 기뻐하는 모습에 가슴이 뿌듯하고 보람을 느낄 때가 많다. 하지만 친절을 베풀고도 그 뒷맛이 몹시 개운하지 못한 경우가 있으니, 그 이유가 무엇일까. 친절을 베푼 뒤의 두 가지 사례를 비교해보자.

먼저, 작은 친절에도 크게 고마워하는 상대방으로 인해 기분이 매우 좋았던 경우다.

열차를 기다리는 부스에서 있었던 일이다. KTX 역사에는 열차를 타기 위해 선로 주변에서 대기하는 부스가 있다. 투명한 재질의 직육면체로 열차가 도착하기 전에 잠시나마 찬바람이나 뙤약볕을 피할 수도 있고, 의자에 앉아 TV나 잡지를 볼 수도 있는 요긴한 쉼터다.

그날따라 열차 시각보다 한참이나 일찍 도착을 했다. 부스에는 필자가 탈 열차보다 앞 시간의 손님이 대부분인 듯 선 채로 시계를 들여다보는 사람도 눈에 띄었다. TV 바로 앞 기다란 의자의 끄트머리에 빈자리가 있기에 엉덩이를 슬쩍 걸쳐놓았다. 그리고 TV 자막과 스마트폰을 번갈아 들여다보며 시간을 보내고 있었다. 옆에 앉은 젊은 남녀가 팔짱을 끼고 소곤소곤 대화를 나누는 모습도 보기 좋았다.

잠시 후 열차가 도착한다는 안내방송과 함께 남녀가 동시에 의자에서 일어섰다. 그런데 방금 편의점에서 구입한 것으로 보이는 음료수 병이 그대로 있었다. 고개를 들어 젊은이들을 불렀다. 한꺼번에 우르르 몰려나가는 사람들 틈바구니에서 잘 알아듣지 못한 것 같아, 엉거주춤 일어나 옷소매를 끌어당겼다. 그리고 음료수 병을 내밀었다.

활짝 웃으며 동시에 고맙다고 합창을 하는 남녀가 얼마나 듬직하게 보이는지. 나가던 몸을 반쯤 돌려세워 "좋은 하루 보내십시오."라고 큰 소리로 덕담까지 해주니, 고마운 쪽은 오히려 필자인 것 같았다. 다음 열차를 기다리기까지, 아니 온 하루가 정말 즐거워질 것처럼 어깨가 가벼워졌다.

다음은 친절을 베풀고도 모래알을 씹은 듯 뒷맛이 언짢았던 일이다.

아파트 지하의 마트 입구에는 현금지급기가 설치되어 있었다. 계단을 내려가는 중 기계에서 빽빽 경고신호가 울렸다. 가까이 다가가보니 앞의 손님이 카드만 빼고 현금은 그대로 둔 채 자리를 뜬 것이었다. 기계가 작동을 멈추기 전에 얼른 현금을 끄집어냈다. 그리고 계단을 내려가면서 보았던 중년의 남성에게 빠른 걸음으로 다가가 상황을 설명했다. 그런데 일언

반구 말도 없이 빼앗다시피 돈을 챙겨 다른 곳으로 향하는 뒷모습이라니. 마치 '내 돈을 왜 당신이 갖고 있느냐'며 따지듯 일그러진 표정에, 기가 막히고 황당하여 내민 손이 부끄러울 지경이었다.

예상 밖의 생뚱맞은 반응에 터무니없는 상상까지 하게 되었다. 혹시 잘못 전해준 것은 아니었는지? 또는 카드를 우연히 주웠거나 남의 것을 슬쩍한 경우였다면? 공중전화부스나 현금지급기 앞에서 다른 사람의 지갑이나 휴대폰을 발견했을 때도 절대 손을 대서는 안 된다는 말이, 공연히 떠도는 유언비어는 아닌 성 싶었다.

경황이 없어서 그랬을지도 모른다며 이해를 하자고 마음을 달랬다. 몹시 내성적인 성격으로 표현이 서툴러 그랬을 수도 있겠다는 생각도 해보았다. 설혹 그렇다 하더라도 표정이나 몸짓은 절로 우러나는 것이라 싶으니, 뒷맛이 더욱 찜찜했다.

그래, 표현을 하는 것도 연습이 필요하다. 몸에 배지 않아 어색한 말이나 행동도, 연습을 하다보면 습관이 될 수 있다.

나폴레옹은 '습관의 씨를 뿌리면, 운명의 열매를 맺는다.'라는 말을 했다고 한다. 우리 속담에도 '행동은 습관을 만들며, 습관은 인격을 형성한다.'는 말이 있다. 어떤 이는 '습관은 나를 바꾸고, 사회를 바꾸는 강력한 힘'이라고도 했다. 동서를 막론하고, 습관이 매우 중요하다는 뜻이다.

희망과 꿈을 다짐하는 새해다. 크고 작은 계획들 앞에, 한 가닥 감성적인 표현도 실천해보자. 작은 일에도 감사의 뜻을 표현할 줄 아는 건전한 습관이야말로, 주변을 밝고 아름답게 만드는 긍정의 씨앗이 될 수 있으니.

* 대구신문 달구벌아침 (2016.1.12.)

전시회에 다녀오면

새해 첫 나들이로, 서울 예술의전당에 다녀왔다. 대구에서 그림을 사랑하는 사람들이 모여 그림 감상을 위해 주기적으로 전시장을 찾아가는 행사에, 비회원으로 참가를 하게 되었던 것이다.

모처럼 포근하고 맑은 날씨 덕분이었을까. 예술의전당은 동네 놀이터만큼이나 북적거렸다. 어린아이들이 깔깔거리며 떼를 지어 뛰어다니고, 젊은 연인들이 팔짱을 낀 채 마주보며 데이트를 즐기는 모습이 예뻤다. 조용히 그림을 감상하는 중년의 부부가 눌러

쓴 중절모에서 품격이 느껴졌으며, 삼삼오오 친구들이나 가족 단위 관람객들도 소풍을 온 듯 표정이 밝았다. 전시장 주변이나 로비의 한쪽 귀퉁이에 둘러앉아 전시작품에 대한 자료를 펼쳐놓고 열심히 설명을 하는 선생님과 고개 끄덕이며 메모를 하는 초등학생들의 초롱초롱한 눈빛이 예사롭지 않았다.

풍경으로 보는 인상주의, 피카소에서 프란시스 베이컨까지, 대영박물관 영원한 인간(HUMAN IMAGE)전展, 그렇게 세 군데 전시회를 관람했다. 반 고흐, 고갱, 세잔느, 마네, 르누아르, 모네, 시냐크 등 19세기 인상주의의 출발과 변화과정을 설명이 곁들인 풍경화를 통해 감상했다. 전시장을 옮겨 20세기의 대표적 예술가라고 할 수 있는 피카소, 몬드리안, 샤갈, 프란시스 베이컨, 뒤샹, 앤디워홀 등 성향이 각기 다른 작품들을 설명과 비교를 해가며, 고개를 갸웃거리기도 했다. 또 다른 전시장에서 대영박물관the British Museum이 소장하고 있는 오랜 세기에 걸친 인류문화와 관련이 있는 그림과 판화, 조각, 유물 등을 관람했다.

전시장 밖의 풍경이야 자유롭고 활동적인 분위기가 부럽기만 했다. 그러나 작품 관람을 위한 전시장의 모습에는 개선할 부분도 없지 않았다. 작품 수에 비해 관람객이 많은 것인지, 전시장소가 좁은 것인지. 작품을 차분하게 감상하기에는 어려움이 많았던 점이 아쉬웠다. 한 작품 앞에서 잠시나마 서서 감상을 할라치면 다른 관람객들의 어깨가 부딪히고, 관람객들이 몰리다보니 작품 감상과 무관한 이야기나 잡담으로 시간을 보내기도 했다. 작품에 관심이 없는 어린아이를 동반한 젊은 할머니는, 다리가 아프다는 아이를 달래느라 진땀을 빼고…….

귀한 작품을 감상하기 위해 요일 또는 시간대별로 관람객 수를 제한하거나 입장객의 연령을 어느 정도 한정할 필요는 없을까? 또는 작품 간의 간격을 넓혀 한 작품 앞에 많은 관람객들이 몰려 웅성거리는 일이 없도록 배려하기는 힘든 것일까?

필자가 느낀 그날의 세 군데 전시작품에 대한 공통점은 사람의 얼굴에 대한 것이었다. 같은 사람이라

도 순간의 감정이나 상태에 따라 달라지는 여러 가지 표정들을 보며, '나도 돌아가서 나의 자화상을 그려보고 싶다'는 작은 욕구가 꿈틀거리기 시작했다. 거울 속에 비친 나의 모습을 그리다보면, 그날그날의 속내를 그림이 말을 해줄 수도 있겠다는 재미있는 생각도 해보았다. 듣고 싶지 않은 소음에 귀가 반쯤 막혀있을 수도 있고, 보고 싶지 않은 광경에 눈이 찌푸려질 수도 있을 것이다. 하고 싶은 말을 제대로 하지 못해 입이 튀어나와 있을 수도 있겠다는 상상을 하는 것만으로도 얼마나 즐거운가.

전시회에 다녀오면, 거짓말처럼 달라지는 것이 있다. 하던 일이 잘 풀리지 않아 의기소침해 있다가도 무언가 새로운 다짐과 의욕이 불끈 솟고는 하는 것이다. 전시품이 꽃이든 그림이든 특징 제품이든 무엇이라도 좋다. 작품을 통해 또는 관람객들의 반응을 통해 다른 사람들이 살아가는 모습과 느낌을 이해하고, 그 속에서 나를 찾을 수 있기 때문이다.

빈센트 반 고흐는 '예술이란 얼마나 풍요로운 것인

가. 본 것을 기억할 수 있는 사람은 결코 허무하지도 생각에 목마르지도 않을 것이며, 고독하지 않을 것이다.'라는 말을 남겼다 한다. 더 이상 무슨 말이 필요하랴.

2016년은 지혜와 길상吉祥을 상징하는 '붉은 잔나비의 해'라고 한다. 시간이 허락한다면, 더 자주 더 많은 전시회를 둘러보고 싶다. 다재다능하고 낙천적인 원숭이를 닮으려는 것보다, 삶을 더욱 윤택하고 여유롭게 하기 위해서 말이다.

* 대구신문 달구벌아침 (2016.1.22.)

전기 없는 세상

전기 없는 세상을 감히 상상해 본 적이 있으신지?

생활의 주변이 온통 전기로 연결이 되었다는 사실은, 전기가 끊어지는 순간 절감하게 될 것이다.

어릴 적 기억에, 가정에서의 전기는 30촉짜리 동그란 전구로 어둠을 밝히는 불빛이기에 충분했다. 냉장고가 없으니, 음식은 꼭 필요한 만큼만 준비했다. 한겨울 찬바람에도 난방기가 따로 없었다. 가장 따뜻한 아랫목에는 이불이 하루 종일 온기를 유지하고, 집안에서도 두꺼운 내복을 입고 있었다. 밥을 식지 않도록 보관하는 것도, 외출에서 돌아와 꽁꽁 얼어붙은 손발을 녹이는 것도 아랫목과 이불의 역할이었다.

그러다가 유성기와 라디오가 나오고, 한두 가지 가전제품들이 느린 속도로 생활 속에 스며들기 시작했다. 학년이 바뀌어 호구조사를 할 때면, 텔레비전이나 전축, 냉장고, 세탁기 등 값나가는 가전제품을 보유한 집안의 학생들은 팔을 높이 들어 부富를 자랑하기도 했다. 가정용 전화가 널리 보급된 것도 불과 40년 전의 일이었다.

그 이후 국민소득이 높아지고 과학기술이 눈부시게 발달하면서, 생활에 관련된 거의 모든 것들은 전기·전자제품으로 편리하게 바뀌었다. 그렇다. 전기는 이제, 너무 가까이 있어 소중함을 느끼지 못하는 물이나 공기처럼 단 한 순간도 없어서는 안 될 생태계를 둘러싼 자연 또는 환경의 일부로 인식될 만큼 필수요소가 되었다.

며칠 전의 일이다. 아파트의 전기 점검 관계로 4시간 동안 전기가 끊길 것이며, 엘리베이터도 작동을 멈출 예정이니 생활에 참고하라는 방송이 들려왔다. 게시판 공지를 통해 이미 예고가 된 일이기도 했다. 그렇지만 전기 점검을 한다는 사실을 알기만 할 뿐. 가정에서 비상 발전기를 돌릴 수도 없는 마당에, 무엇을 어떻게 하라는 것인가. 속수무책이다. 엘리베이터 대신 계단을 이용하는 것 외의 수단은 대체할 방법이 없다. 냉장고의 음식들을 달리 보관할 방법이 없지를 않은가. 그 상태로 녹았다가 다시 냉동이나 냉장이 될 것이다. 밥솥의 밥 또한 그대로 식었다가 다시 보온이 될 것이다.

방송을 듣고도, 아무 생각 없이 TV 리모컨을 만지거나 컴퓨터 앞의 마우스를 흔들어보기도 한다. 아차, 전기가 나갔다고 했지. 커피나 마셔야겠다며 돌아서서 커피포트를 눌러보지만 허사다. 괜히 심심해진다. 전기 없는 시간을 어떻게 보내야 할지 몰라 우왕좌왕한다. 스마트폰으로 손이 간다. 전기로 충전한 배터리가 아직은 남아 있으니, 그나마 다행이다.

'세 살 버릇, 여든까지 간다.'고 했던가. 몸에 밴 습관을 고치기란 어려운 일이다. 그러나 인식을 조금 바꿔본다면, 아주 불가능한 일은 아닐 것이다. 익숙하고 편리함으로부터 벗어나기가 쉽지 않다는데 문제가 있다.

올겨울, 유난히 변덕스러운 날씨는 지구온난화로 인한 기후변화가 점점 가까이 다가오고 있음을 말해주고 있다. 삼한사온三寒四溫은 사라지고, 며칠 계속 포근하다가 갑작스런 한파가 몰아닥치고는 한다. 최근 지구촌을 꽁꽁 얼어붙게 만든 혹독한 한파도 일주일 이상 계속됐다. 그로 인해 최고 전력사용량이 갱신되었다는 보도도 있었다.

너무 더운 것도, 너무 추운 것도 사람이 이겨내는 데는 한계가 있다. 앞으로도 언제 어느 곳에서 어떤 유형의 기상이변이 닥쳐올지 모른다. 비상대비 차원에서 지금부터라도 에너지와 물자를 아끼는 친환경 생활 실천방법을 익히고, 적응해나가야 한다. 그렇지 않으면, 점점 더 어려운 악순환으로 내몰릴 수밖에 없다.

예년에 비해 강수량이 적고 포근한 날씨가 오래 지속된 것은 강력한 슈퍼 엘리뇨El Nino, 스페인어로 남자아이 현상 때문이라고 한다. 태평양 적도 부근 남미해안으로부터 중태평양에 이르는 넓은 범위에서 해수면 온도가 지속적으로 높아지는 엘리뇨 현상이 끝나면, 그와는 반대되는 라니냐La Nina 현상이 찾아올 것이라는 예보가 있으니 그 또한 대비를 해야 한다.

전기 없는 세상에서 살 수는 없다. 하지만 전기를 비롯한 에너지를 아끼고 위기에 대처해야 하는 것은 우리의 몫이다. 조금 불편하고 조금 부족하더라도 감내할 수 있는 현명한 지혜, 지금 바로 실천해야 할 때다.

* 대구신문 달구벌아침 (2016.2.16.)

흡연자들의 뒷모습을 보며

혹독한 한파 속에서도 몸을 웅크리고 담배를 피우는 사람들의 뒷모습이 몹시 처량해 보인다.

흡연을 하지 않는 사람의 눈에도 그런데, 당사자들의 기분은 어떨까. 기호식품이라는 사람이 있는가 하면, 복잡하고 답답한 마음을 달래기 위해서라는 사람도 많다. 어렵고 힘든 일을 치르고, 하늘을 바라보며 피우는 담배 한 개비의 효과야말로 천 냥과도 바꿀 수 없는 커다란 위안이 된다고도 한다.

담배 속에는 무수한 유해물질이 들어있다는 사실

은 일반상식이 될 정도로 익히 들어왔다. 간접흡연자들에게 미치는 영향이 더 크다는 것도 그렇다. 담배를 피우면 니코틴과 일산화탄소가 혈액 중의 헤모글로빈과 결합하여 산소 공급을 저해한다는 등 자세한 기전은 모르지만 결과적으로 나쁘다는 것이다.

그렇다면 담배의 장점은 전혀 없는 것일까? 담배의 유래와 효능에 대해 검색해보았다.

담배는 15세기 말 '신대륙' 발견을 계기로 약 2세기 동안 원산지 신대륙남아메리카에서 구대륙유라시아와 아프리카으로 전파되었으며, 16세기 초엽 스페인인들이 유럽으로 들여왔다고 한다. 특히 16세기 후반 스페인의 한 의학자가 담배의 의약적 효능을 발표하자, 담배는 '만능 약'으로 인식되어 신속하게 보급이 되었다고 한다. 종교의례나 질병 치료, 각성제, 피로회복제로 이용되기 시작했다는 기록도 있다.

소량의 니코틴은 중추신경을 자극하고, 모세혈관을 수축시켜 혈압을 높이며, 심장운동을 촉진한다고 한다. 이로 인해 맥박이 빨라져 심장에서 나오는 혈액의 양이 증가한다는 것이다. 또 침의 분비가 늘고 위의 운동이 증가하는 것은, 니코틴이 노르아드레날린 호르몬의 분비를 촉진하기 때문이라고 한다.

담뱃값이 인상된 것이, 1년 전 일이다. 담뱃값 인상 이후 상당수 흡연자들이 금연을 결심하기도 했다. 전년 대비 담배 판매량은 24%, 반출량은 30% 정도 줄어든 반면 담배 세금은 당초 정부예측보다 7천억 원 많은 3조 6천억 원이 더 걷혔다고 한다. 국민건강을 위해 흡연율을 낮추겠다며 담배 한 갑에 물리던 세금을 배 이상 올렸고, 그 결과 2015년 담배세수稅收는 10조 5천억 원으로 전년도 7조원보다 50% 이상 크게 늘어난 것이다.

주변을 둘러보면 정신적 육체적 스트레스가 심한 계층이 담배를 더 많이 피우는 것으로 보인다. 결국 소득수준이 낮은 서민이 세수에 기여한 효과는 엄청나다고 보아야 할 것이다.

'후두암 주세요. 폐암 주세요. 뇌졸중 주세요.' 등의 공익광고를 접할 때마다 일말의 반감이 부글거리는 것이 솔직한 심정이다. 그 정도로 유해한 물질이 분명하다면, 재배에서부터 담배 제조와 판매 과정 일체를 금지하는 조치가 더 시급한 것이 아닌지 모르겠다. 섬뜩한 광고 따로 판매 따로, 거기다 높은 세금까지 물리는 것은 '눈 가리고 아웅'하는 처사가 아니고 무엇인가.

오히려 소량의 니코틴에 대한 긍정적 효과와 다량의 니코틴 흡입으로 인한 부정적 효과를 동시에 알려주고, 건강을 위해 금연이 매우 중요하다는 점과 흡연을 하되 양을 줄이도록 유도하는 광고를 하는 것이 더 나을 것 같다.

흡연자들이 부담한 세금 중 일정부분은 건강증진부담금으로 편입된다고 한다. 그 예산으로 국민건강을 위해 새로운 연구를 해보는 것은 어떨까. 담배를 제조하는 과정에서 니코틴의 나쁜 성분을 크게 낮추거나, 냄새를 줄이는 특정물질을 첨가하는 등 기술을 개발하는 것은 어려운 일일까.

어차피 판매를 위해 생산한 제품이라면, 흡연을

죄악시하기 전에 정당하게 담배를 피울 수 있는 환경을 마련해주는 것이 옳다고 본다. 비와 추위를 피할 수 있고, 따갑게 내려쬐는 햇볕을 가릴 수 있으며, 환기장치가 제대로 설치된 공간에서 흡연하게 될 때 주변 환경도 깨끗해지고 간접흡연의 피해도 줄어들 것이다. 더불어, 흡연은 반드시 흡연구역에서만 해야 한다는 의식의 전환 또한 필요하리라.

말리면 더 하고 싶은 것이 인지상정人之常情이다. 또 재배에서 판매까지 담배 관련 산업에 종사하는 사람이 얼마나 많은지도 살펴보아야 한다. 흡연자를 몹쓸 사람 취급하는 정서적 분위기로 내몰기보다 이성적 판단과 행동을 일깨워주는 차원 높은 경고나 권유가 더 효과적일 것이라는 바람은, 흡연자 가족의 한 사람이기 때문일까?

* 대구신문 달구벌아침 (2016.2.25.)

선거철 코미디

알지 못하는 사람으로부터 문자가 날아오고 있다. 확인할 수 없는 치적이 장황하게 열거된 내용이다. 일정기간 주기적으로 계속되는 것을 보니 선거철이 다가온 모양이다.

작년 가을부터 꾸준히 날아오던 메시지가 있었다. 필자가 소속된 협회에 가입한 신입회원이라며 잘 부탁한다는 인사였다. '나는 그런 인사치레를 생각지도 못했는데, 신입회원이 정성이 대단하다' 싶어 답장을 해주지 못한 것이 미안했다. 몇 번인가 그렇게 열심히 노력하겠노라는 각오의 메시지가 도착하기에, 취미활동을 하는데 이렇게까지 할 필요가 있을까 싶었지만 그러려니 하고 말았다.

이름을 기억할 만큼 시간이 지나자 본색이 드러나기 시작했다. 특정지역에 출마를 하겠다는 것이었다. 정계에 발을 들여놓기 위해, 회원 수가 많은 단체에 가입을 하여 이름을 알리는 것이 첫 번째 수순이었을까. 다니던 직장과 출신학교를 깨알 같이 써넣은 것은 열정이 담긴 활동보다는 지연과 학연 등 연줄의 덕을 보겠다는 뜻이리라.

받는 사람의 기분이나 인격 따위는 고려할 필요도 없다는 듯 일방통행의 문자가 계속되고 있다.

여론조사 중이니 전화가 오면 자신을 꼭 선택해달라는 생뚱맞은 당부까지 이어지니, 이름만 봐도 기분이 나빠진다. 문자 몇 번 보낸 것으로 자신을 선택해 달라니. 어떤 일을 어떻게 해보겠다는 의지와 각오만 있어도 읽기가 귀찮은 마당에 근거가 불확실한 말로 다른 사람의 허물을 유포하는 것은, 매우 비생산적이고 무례한 행위라 싶다. 선거구 확정도 되기 전에 예비후보라며 연일 문자를 보내는 것이 선거법 위반은 아닌지 모르겠다.

평소 하지 않던 일을 하는 사람들이 곱게 보이지 않는 것도 그렇다. 쓰레기수거 차량 앞에서, 연탄배달 현장에서, 전통시장에서, 무료급식소에서 만면의 미소를 띠고 허리를 굽실거리며 인사하는 모습이 우습다. 그들은 환경미화원 옷을 걸치고, 몇 시간이나 일을 했을까. 무료급식소에서는 어떤 일을 했을까. 보이지 않는 곳에서 조용하게 봉사활동으로 구슬땀을 흘리는 사람들이 얼마나 많은데, 잠시 포즈를 취하기 위해 휘하의 군중을 거느리고 언론까지 동원하는 이유가 무엇인가.

정치인들의 끊임없는 언쟁과 공방 또한 지겹고 한심하다. 과거 집권자들의 공과功過를 들먹이며 내 편과 네 편을 나누고, 상호비방과 인신공격에 말꼬리를 물고 늘어지는 다툼의 현장. 같은 정당 내에서도 친親과 비非에 진眞까지 만들어가며 스스로 계파를 나누는 것은 더 우습다. 눈앞의 이익을 위해 사분오열四分五裂하는 사람들. 정책에 대한 솔직한 견해를 밝히거나 어려운 문제를 해결하기 위한 토론을 그렇게 잘한다면, 모든 국민들과 유권자가 박수를 치고 환영할 일이다.

자신을 내려놓기가 힘든 것이 사실이지만, 다른 사람이 잘한 일은 인정하고 고개를 끄덕일 수 있어야 한다. 차마 칭찬을 해주지는 못한다하더라도 꼬투리를 잡기 위해 눈을 붉히는 것이 정치인의 기본이라 생각한다면, 하루빨리 도려내야 할 암 덩어리나 다름없다.

어지러운 국내외 정세와 침체된 경기로 한숨이 깊어 가는데, 무제한 토론filibuster이니 공천배제cut-off 등의 어려운 용어로 국민들은 더 머리가 아프다. 국회의원이 할 일은 법을 만들지 못하도록 시간을 끄는 것이 아니라, 국민과 나라를 위해 좋은 법을 제때 만들어 주는 것이다. 어느 집단보다 활발한 소통과 대화로 문제를 풀어나가야 하며, 대의를 위해 양보도 할 줄 알아야한다.

그것만이 유일한 선택인 듯 상대방을 깎아내려 자신이 돋보이기를 바라는 것은, 선거 때마다 드러나는 고질적인 병폐다. 상대방을 헐뜯고 욕하는 집단, 자신의 이익만을 위해 일하는 집단이 법을 좌지우지하게 해서는 정말 곤란하다. 선거운동 기간의 반의반만큼이라도 겸손한 정치인이 나타나기를 기대하는 유권자들의 마음을 그들도 알고 있을까? 몸살이 날 지경으로 허리를 구부리고 악수를 청하는 입후보자들의 코미디 같은 모습이 벌써부터 눈에 선하다.

부디, 투표소로 향하는 발걸음이 가벼워지기를 바라는 것이 더 이상 계란으로 바위를 치는 것만큼 어려운 일이 아니라면 좋겠다.

* 대구신문 달구벌아침 (2016.3.10.)

골목길 주차 인심

구청으로부터 우편물이 날아왔다. '반송 불필요'라는 파란 글자가 찍힌 봉함엽서였다. 아차! 싶었다. 노점상의 채소를 사기 위해 도로 가에 주차를 했던 기억이 있기 때문이다.

서민들이 생활하기에 알맞은 동네에는 시장을 중심으로 이면도로가 있고, 한 블록 건너 대단위 아파트 옆으로 왕복 7차선의 간선도로가 있다. 그리고 간선도로의 가장자리 햇볕이 잘 드는 인도에는 채소와 과일을 비롯한 호떡, 붕어빵, 게장 등 먹을거리와 비

누, 양말, 방석, 가방 등 소소한 가정용품까지 노점상이 즐비하다.

파는 사람이 있어서 사는 것인지, 사는 사람이 있어서 팔러 나오게 된 것인지는 알 길이 없다. 다만 20년 가까운 세월을 그렇게 살아오고 있으니, 동전의 양면처럼 서로가 서로를 기대고 의지하는 자연스러운 생활환경으로 터전을 잡게 된 것이다.

그날따라 시장을 둘러싼 골목길에는 차를 세워둘 공간이 없었다. 뱅글뱅글 두 바퀴를 돌다가 장보기를 포기하고 돌아갈 참이었다. 골목을 벗어나 간선도로로 나오는데, 빗금을 치듯 가지런히 서 있던 자가용 한 대가 빠져나가는 것이 눈에 들어왔다. 쾌재를 부르며, 이빨 빠진 듯 빈자리가 생긴 그곳에 차를 밀어 넣었다. 그리고 가벼운 마음으로 구경을 하고 반찬가게에서 시식을 하기도 하는 등 한껏 여유를 부린 것이었다.

다른 동네 골목도 사정은 비슷하다. 말이 나온 김에, 골목길 주차 인심을 다시 한 번 들여다보아야겠다.

자주 찾는 상가 골목에는, 들쭉날쭉 3층짜리 건물들이 줄지어 있다. 2층과 3층은 주거용이 많고, 1층은 대부분 상업용이다. 편의점, 미용실, 피부관리실, 떡집, 음식점, PC방, 마트, 주단, 공구, 설비 등 생활형 업종들이다. 특정 시간에는 유치원이나 어린이집 아이들을 태운 노란 승합차도 드나들고, 마늘이나 고추 또는 달고 맛있는 밀감을 사러 오라는 스피커를 매단 화물차도 보이는, 사람 사는 동네다.

간선도로와 연결된 골목에는 주차공간이 따로 마련돼 있지 않고, 건물 앞이나 옆에 임의로 주차를 하는 것이 관례처럼 되어있다. 어느 곳이든 빈자리가 있으면 주차나 정차를 할 수가 있으니, 편리하게 생각했다. 그런데, 언젠가부터 자동차 대신 큼직한 폐타이어가 자리를 차지하기 시작했다. 며칠 후에는 흰색과 노란색 물통이 다른 자리를 차지하고 있었고, 또 며칠 후에는 주차금지 팻말을 끼운 둥그런 콘크리트 구조물이 등장을 했다.

엄밀하게 따질 필요도 없다. 골목길은 사유지가 아니라 공공용지로 다른 차량의 통행에 지장이 없는 범위에서 편의상 주차를 하는 것이다. 자기 땅이 아닌 곳에 다른 차량의 주차를 방해하는 것은, 사촌이 땅을 사면 배가 아픈 것과 무엇이 다른가. 집집마다 경쟁적으로 장애물을 설치하는 꼴불견으로 그 골목을 아예 찾지 않게 된다면, 자신의 이익을 챙기기는 커녕 오히려 손해를 가져올 수도 있는 것을.

벌써 3년 이상 주기적으로 드나드는 그곳에는, 주차된 차량의 대수는 거의 언제나 일정한 편이었다. 내 집 네 집 가리지 말고 누구나 편리하게 주차를 할 수 있도록 마음을 열어놓는다면, 골목 전체가 질서와 인정이 돌고 돌아 숨통이 확 트일 것 같다.

주차단속에도 일말의 궁금증이 없지는 않다. 하루같이 빼곡하게 줄지은 모든 차들이 단속을 받은 것인지, 하필이면 눈치 없이 단속 차량이 떴을 때 주차를 했기에 그런 것인지. 그곳에서 노점을 하기 위해 종일토록 대기하고 있는 차량들은 단속에서 제외가 되는지.

중소형 마트가 있고, 은행과 학원이 있고, 병원과 약국이 있고, 전통시장이 있으며, 그 주변으로 노점상이 운집하여 사람들의 발길을 끄는 동네. 얼어붙은 지역경제를 살리기 위해 노점행위를 눈감아주는 것이라면, 노점과 더불어 살아가는 주민에게도 약간의 편의를 제공해주는 것이 옳지 않을까 싶다.

가까운 곳은 걷거나 대중교통을 이용하는 것이 좋은 줄을 안다. 하지만 멀리 나갔다 돌아오는 경우라면 사정은 좀 다르다. 이참에 차량 통행에 불편을 주지 않는 차선 한 개를 공용주차장으로 합법화하는 것은 어떨지 감히 제안해본다. 누구나 편리하고 떳떳하게 일을 볼 수 있도록 말이다.

* 대구신문 달구벌아침 (2016.4.14.)

고령사회로 가는 길에

흰 머리카락에 주름진 피부와 구부정한 허리, 느린 움직임은 노년으로 가는 사람들의 공통된 모습이다. 우리 주변이 빠른 속도로 고령사회로 달려가고 있다는 사실은 통계가 아니더라도 버스나 지하철 등 대중교통을 이용해보면 보다 쉽게 느낄 수 있다.

추적추적 봄비가 내리던 그날은 우연히 버스의 맨 뒷좌석에 자리를 잡게 되었다. 책을 읽다가 흔들리는 글씨에 눈의 피로를 느껴 가만히 앉아 있다 보니, 자연스레 다른 승객들의 행동을 관찰할 수 있는 기회가 되었다.

빈 좌석이 없어 몇몇 승객이 서 있을 때쯤 80대로 보이는 훤칠한 키에 백발이 성성한 노인이 버스에 올랐다. 월남 참전용사를 연상하게 하는 복장과 별 모양으로 번쩍거리는 메달을 목에 건 늠름함이 지난 시절의 긍지와 자부심을 말해주는 것 같았다.

노인이 두리번거리며 지팡이를 앞세워 안으로 들어서고 있을 때 노약자석에 앉았던 여성이 얼른 자리에서 일어섰다. 다행이라 싶었다. 그런데 양보하는 자세에 문제가 있었다. 자리를 강제로 빼앗기는 듯 억울한 심정이 가득 담긴 얼굴로 찬바람을 쌩 일으키며 돌아서버린 매우 거칠고 불손한 태도였다.

나이가 들수록 작은 친절에도 큰 감동을 느끼는 법. 고맙다는 인사라도 건네려던 노인의 씁쓸한 표정에, 멀리서 바라보는 마음에도 안타까움의 파도가 일렁거렸다. 달려 나가 위로의 말이라도 건네고 싶은 심정이었다면 너무 과장된 표현일까. 몇 정거장 가지 않아 여성은 버스에서 내렸다. 이왕 마음을 먹은 것,

눈이라도 마주치며 공손하게 양보를 했더라면 얼마나 좋았을까? 양보를 하는 사람과 받는 사람 간에 흐르는 정이 주변의 분위기마저 훈훈하게 할 수도 있었을 텐데…….

우리나라는 2000년에 이미 65세 이상 인구가 전체 국민의 7%를 넘은 '고령화 사회'가 되었다. 65세 이상 노령인구가 전체 인구의 14%를 넘으면 '고령사회'가 되고, 2018년이 되면 우리나라도 고령사회로 진입을 할 것으로 전망이 되고 있다고 한다. 아울러, 이러한 추세로 보면 2030년경에는 노인 인구가 전체 인구의 20%를 넘는 '초 고령화 사회'에 진입할 것이라는 예측도 이어지고 있다.

이를 뒷받침하듯 보험업계에서는 벌써 110세 만기 상품이 출시되기도 했다. 삶의 질의 향상과 의술의 발달로 날이 갈수록 평균수명이 길어지는 것이 결코 바람직한 현상만은 아닐 것이라는 걱정이 앞서는 것은, 주변의 여건이 길어지는 수명과 균형을 이루지 못하기 때문일 것이다.

고령사회로 가는 길에, 역지사지(易地思之)의 정신을 다시 한 번 새겨보았으면 좋겠다. 상대방의 입장에서 생각해보는 것 말이다. 구부정하고 동작이 더딘 노인의 모습이 훗날의 자신의 모습일 수도 있고, 부모님이나 가까운 친인척의 경우라고 한다면 자리를 양보하는 것이 그렇게 화가 나고 억울한 일만은 아닐 것이다.

'너 늙어봤냐. 나는 젊어 봤단다.'라는 어느 가수가 불렀던 가요의 한 구절이 생각이 난다. 오랜 직장생활 끝에 나이가 들고 백수가 되어 무시를 당하지만 새로운 출발에 대한 의지와 열정이 살아있다는 노년의 애환을 노래한 것이다. 그렇다. 양보를 받는 노인에게도 자존심이 있다. 몸이 중심을 잡지 못해 어쩔 수 없이 자리에 앉기는 하겠지만, 구걸을 하다시피 억지로 앉기를 바라지는 않는다는 것이다.

전체 인구의 20%, 즉 5명 중 1명이 65세 이상이 되는 '초 고령화 사회'가 될 날도 머지않았다. 그때가 되면 지금보다 훨씬 더 예상하지 못했던 여러 가지 문제가 뒤따를 것으로 보인다. 소득이 없는 상태로 오랜 시간을 보내야하는, 젊고 건강한 노인 인구가 지속적으로 늘어나고 있다는 것도 해결해야할 과제다.

노인의 비중이 늘어나는 만큼 고령사회의 복지에 대한 정책의 비중 또한 높아져야 할 것이다. 금전적인 관계를 넘어 노인을 바라보는 젊은이들의 의식 등 정서적인 문제도 함께 풀어나가야 한다. 교육계를 비롯하여 종교단체와 언론 등이 중심이 되어 세대간에 서로를 인정하고 존중하는 사회적 분위기와 환경이 조성될 수 있도록 꾸준한 노력이 동반되기를 희망한다.

사람은 누구나 늙기 마련, 노년이 행복한 사회야 말로 진정 살아갈 희망이 보이는 아름다운 사회가 아닐까.

* 대구신문 달구벌아침 (2016.5.3.)

5월, '가정의 달'에

5월이 '계절의 여왕'으로 꼽히는 것은 맑고 화창한 날씨에 갖가지 꽃나무가 주변 환경을 아름답게 장식하기 때문일 것이다. 거기다 근로자의 날을 시작으로 어린이날, 어버이날, 스승의 날에다 성년의 날, 부부의 날까지 일상을 둘러싼 가족과 이웃을 생각하게 하는 사람 중심의 기념일이 있어, 그 의미가 더욱 특별한 것 같다.

해마다 이맘때가 되면 부모님께 무엇을 해드릴까 고심을 하고는 했는데, 이번 어버이날에는 뜻하지 않게 아주 작은 것으로 선물을 대신하게 되었다.

아흔을 맞은 아버지께서 폐에 이상이 생겨 병원 신세를 지게 되셨다. 젊은 시절 설계와 시공, 감리 등 건축 관련 일을 하시다가, 중년 이후 옷장이나 싱크대 등 생활용 가구를 제작하거나 출장 수리를 하는 등 잠시도 손에서 일을 놓지 않으셨다. 그런데다 아침저녁 맨손체조를 꾸준히 해오셨기에, 허리가 꼿꼿하고 계단 오르내리는 것 또한 수월하여 병원과는 아주 거리가 멀 것으로 여겼다. 그런데 오랜 목공일로 나무를 깎고 다듬는 과정에서 눈에 보이지 않는 미세한 먼지가 조금씩 폐로 들어가 켜켜이 쌓이게 된 것일까.

상심한 아버지가 10여 년 전 비슷한 증상으로 입원한 적이 있었던 기억을 떠올리며 '그때 대구에 사는 둘째 딸이 보내준 도라지 즙을 먹고 나았다'는 말씀을 하신다기에, 아파트 근처 즙을 짜는 가게에 들러 배와 도라지, 생강 등을 넣고 달인 즙을 사들고 고속열차를 타고 달려갔다. 아버지는 "그래, 이거다!"

하면서, 매우 반가워하셨다. 이전에도 이 즙을 먹고 나았다며, 의사의 진료보다 도라지 즙을 더 신뢰하는 듯 보였다.

그것은 약이 아니라 식품이라는 말을 차마 할 수 없을 정도로, 이제야 나을 수 있겠다는 안도의 화색이 물감처럼 번져나가는 모습에 콧등이 찡했다. 다 드시고 나면 또 갖다 드리겠다는 말에, 알았다며 연신 고개를 끄덕이셨다. 기운이 없어 허리를 제대로 펴지 못하시는 엄마의 팔짱을 끼고 "기분이 사람을 죽이기도 하고, 살리기도 한다."는 이야기를 주고받으며 빙글빙글 돌아가는 병원 문을 나섰다.

엄마께 드린 선물은, 더 소박한 부추 부침개였다. 친정 근처 마트에서 가늘고 부드러운 부추 한 단을 사서, 냉장고에 남아있던 양파 반쪽을 채쳐 넣고 밀가루에 버무려 전을 부쳐드렸다. 엄마는 식탁에 앉아 "아이구나, 냄새도 좋다" 하시며 접시와 젓가락을 챙겨 입맛을 다셨다. 냉동실에 넣어두고 한참을 데워 먹어도 되겠다며 어린아이처럼 즐거워하는 모습에,

서서 전을 부치는 나도 기분이 좋아졌다.

야채즙 한 박스와 부침개 몇 장의 행복이라니. 연로하신 부모님이 꾸밈없이 좋아하는 모습을 보니, 다시 오겠다며 돌아서는 발걸음도 어느 때보다 가벼웠다. 돌아오는 길, 사람들의 발길이 모여드는 거리의 길모퉁이에는 카네이션 꽃바구니가 줄을 지어 아름다움을 뽐내고 있었다. 그리고 모정과 사랑, 애정이라는 꽃말을 가진 카네이션을 든 행인들의 밝은 표정이 보기에도 참 좋았다.

최근 모 일간지의 설문조사 결과 65세 이상 노인이 어버이날 받고 싶은 선물 1위는 '현금'이었다고 한다. 하긴 어느 세대인들 돈을 좋아하지 않을까. 하지만 돈이 전부를 대신할 수는 없는 일이다. 진심이 담긴 따뜻한 말 한마디나 작은 것으로도 사랑과 감사의 뜻을 충분히 표현할 수 있다는 사실은, 나이가 들어가면서 깨닫게 되는 삶의 지혜 중 하나가 아닌가 한다.

'가정의 달'이 있어, 지난 시간의 반성과 화해의 기

회로 삼을 수 있는 것은 다행한 일이라 싶다. 또한 '가정의 달'에는 사람들의 가슴에 연민과 은혜와 감사라는 감성의 씨앗이 뿌려져 위로와 믿음과 성장으로 이끄는 밑거름이 되기도 한다. 그래서 더욱 기념일이란 좋은 것이라는 생각을 하게 된다. 소홀하게 지나칠 수 있었던 가족과 주변을 다시 한 번 돌아볼 수 있는 계기가 되기 때문이다.

잊고 지내던 학창시절을 떠올리며 스승에 대한 추억과 감사의 마음을 반추하고, 성년이 되는 청소년에게도 따뜻한 축하와 격려의 말이 필요하리라. 둘이 하나가 되는 부부의 날, 새삼스러울 것 없는 배우자에게는 무슨 말을 해야 할까.

* 대구신문 달구벌아침 (2016.5.31.)

오카리나를 배우며

친구들이 배낭을 챙겨 야외로 나들이를 떠난 일요일 오후. 세탁기 돌아가는 소리를 들으며 무료한 시간을 보내다가, 가방에서 잠자고 있던 오카리나를 꺼내 불어본다. 오카리나ocarina는 흙으로 빚어 만든 도자기 피리의 한 종류로 청아한 소리가 매우 듣기 좋아 배워보려고 마음을 먹었던 것이다. 두 손으로 감싸기에 부담 없는 크기와 가벼운 무게가 배우고 싶은 욕망에 부채질을 한 것도 사실이다.

얄팍한 책이나 화장품을 챙기듯 가방에 넣어 다니

며 아무 곳에서나 연주를 할 수 있다는 것이 얼마나 매력적인가. 하지만 아직은 원하는 소리가 나오지 않는다. 잠기거나 갈라진 목소리처럼 탁하고 찢어지는 음이 부자연스럽다. 운지법을 제대로 익히지 못해 박자가 제멋대로 늘어지고 막히기를 반복한다. 특히 뒷부분의 엄지손가락이 담당해야 하는 음을 만나면 더욱 어려움에 진땀이 날 지경이다.

콧노래 흥얼거리거나 따라 부르기에 좋은 노래도 막상 연주를 위해 악보를 들여다보면, 어느 곡 하나 쉽게 만들어진 것이 없음을 알게 된다. 자연스러운 소리를 위해서는 악보를 읽는 눈과 음을 짚는 손가락과 박자의 길이에 알맞은 호흡이 따라주어야 한다. 그 밖에도 높은 음과 낮은 음, 도돌이표, 제자리표, 늘임표 등 한 눈에 보아야 할 것들이 의외로 많다.

학창시절, 종교 활동을 하면서 곁눈질로 아는 곡만 악보를 달달 외워 반주자 대신 피아노 건반을 두드린 적이 있었다. 실수라도 할까 봐 가슴은 콩콩 뛰고, 얼굴이 벌겋게 달아올랐던 기억을 잊을 수 없다.

즐겨 부르던 동요를 하모니카로 불어보기도 했고, 혼자서 기타의 코드를 익히느라 손가락에 물집이 생기기도 했다. 그러나 결국 어느 것 하나 제대로 배우지를 못한 채 그냥 그렇게 맛만 보고 지나온 것이 늘 아쉬움으로 남아 있었다.

인생은 육십부터라고 했던가. 어느덧 예순이 되고, 약간의 여유가 생기니 가슴 한 편에 자리 잡고 있던 순한 바람이 살랑살랑 회오리를 치다가 점점 크고 묵직한 태풍으로 몰아쳤다. 요모조모 따져보다가 음역대가 넓지 않아 적응하기가 쉬울 것으로 예상되는 오카리나를 선택한 것이다. 기본도 모른 채 도레미파를 짚는 것부터 배우기 시작한 악기에서 연습을 한 만큼 소리가 나는 것이 신기할 따름이다.

그래, 연습이 중요하나. 글을 쓰는 것이나 그림을 그리는 것도 중단 없는 습작이 쌓여 훌륭한 작품이 되는 것처럼, 운동이나 악기연주도 꾸준한 연습이 없이는 제자리걸음이나 후퇴를 할 수밖에 없다.

또 한 가지, 쉼표가 있는 자리에서 적당히 쉴 수

있는 호흡은 무엇보다 중요하다. 쉬어야 할 때 쉬지 못하면, 호흡이 따라가지 못해 다음 박자를 놓치기 십상이다. 그렇게 보면, 우리네 인생도 하나의 악보와 마찬가지가 아닌가 싶다. 주변 환경과의 균형을 맞춰야할 때가 있고, 빨리 가거나 더디게 가야할 때가 있다. 경우에 따라 되돌아가거나 적당한 숨고르기도 필요하다. 때를 잘 알아야 한다는 것이다.

뒤돌아볼 겨를 없이 앞만 보고 열심히 달려가다가 쉬어야 할 시기를 놓쳐버리면, 신체에 크게 무리가 따르게 된다. 아차! 하는 순간에 어지러움으로 발을 헛디디거나 혈압이 높아지거나 혈관이 막히고 심장이 멈추는 등 여러 가지 양태로 피로가 찾아오게 된다. 그리고 보이지 않게 찾아온 피로를 어떻게 관리하느냐에 따라 건강은 자신과 친구가 될 수도 있고, 돌이킬 수 없는 병으로 시련을 겪게 되기도 한다.

'자유자재로 다룰 수 있는 악기가 한 가지라도 있으면, 삶이 얼마나 윤택할까' 싶은 막연한 바람을 가져본다. 아니, 썩 윤택하지는 못하다 하더라도 기쁜 일은 배가 되고, 어렵고 힘든 일을 만났을 때 작은 위로가 될 수 있을 것이다.

매주 월요일 오카리나를 배우러 문화센터로 간다. 더불어 한 주의 시작을 음악과 함께 열게 된 것을 다행으로 여긴다. 기대하는 만큼의 유연한 소리가 나오지 못하더라도 실망하지 않고 꾸준히 연습을 해보자. 그리고 차분하고 여유로운 삶을 위해 서두르지 말고 한 계단 한 계단 찬찬히 올라보자. 음표에 따라 발장단 맞추며, 연주를 할 수 있다는 것만으로도 마음은 이미 부자가 된 기분이다.

* 대구신문 달구벌아침 (2016.6.28.)

종합병원 24시

살면서 가장 가까이 하지 말아야 할 곳이 병원이 아닌가 한다. 종합병원 응급실이라면 더욱 그렇다. 달포 전, 본의 아니게 응급실을 찾게 된 일이 있었다. 가족 중에 환자가 생겼던 것이다. 주말의 이른 아침, 상황이 위중한 데다 환자가 몸을 가누지 못해 구급차 신세를 져야만했다.

처음 경험한 종합병원 응급실은 그야말로 아수라장이었다. 뇌출혈 등으로 촌각을 다투는 환자, 멧돼지의 공격을 받아 온몸이 피투성이가 된 채 공포에

떨고 있는 70대 노인, 입으로 거무튀튀한 즙 같은 것을 쏟아내며 연신 비명을 질러대는 할머니, 인사불성으로 들 것에 실려 온 환자, 두통과 어지러움을 호소하며 스스로 걸어 들어온 젊은이. 물밀듯 밀려드는 환자들 사이를 쉴 새 없이 오고가는 구급대원과 병원 관계자들의 분주한 움직임과 어디론가 긴급하게 연락을 취하는 보호자들의 당황한 눈빛.

놀랍게도 그런 환경 속에서도 차례를 지켜가며 검사와 처치와 투약 등이 동시다발적으로 이루어지는 무질서 속의 질서가 매우 신기하고 존경스러웠다. 환자의 기초정보를 수집하기 위해 문진을 하는 사람, 체온과 혈압을 재는 사람, 심전도 검사를 하고, 혈액을 채취하며, 검사결과에 따른 중간 과정을 설명하고 다음 단계를 안내하는 의사. 역할과 임무에 따라 입고 있는 옷의 모양과 색깔은 제각각 달랐지만, 목적은 하나였음에 잔잔한 파도처럼 역동성이 이어졌다.

누구에게나 자신의 아픔이 가장 크게 느껴지는 법. 사람이 하는 일이기에, 약간의 소홀함도 없었다면 거짓말일 것이다. 하지만 꺼져가는 생명의 불씨를 잇기 위한 그들의 진지한 모습에 불만을 표출하기는 무리였다.

응급실에서 어느 정도 검사와 처치를 마치고 해당 분야의 병실이 정해지면, 그나마 안정을 취하며 조용하게 치료를 받을 수가 있다. 여러 명이 함께 사용하는 일반 병실에서는 환자보다 보호자들의 마음이 맞아야 생활이 편하다는 것을 눈치로 알아챘다. 창가 쪽 환자의 엄마로 보이는 여성에게는 오로지 병상에 누운 아들만이 전부였다. 아들이 열이 많아 더위를 탄다며 실내온도를 24도로 설정해놓고, 다른 사람들은 손도 대지 못하도록 먼저 들어온 텃세를 톡톡히 부리고 있었다. 입구 쪽의 나는 한기를 느껴 온도를 높이고, 그 여성은 다시 온도를 낮추는 사이 짧은 신경전이 벌어지기도 했다.

산소 줄을 매단 채 눈의 초점을 잃고 말 한마디 못하시던 옆방의 할머니가 목숨을 다하자 가족친지들이 달려와 이별의 아쉬움을 눈물로 고하고, 밤새 신음과 잠꼬대로 주변을 어수선하게 하셨던 할아버지가 중환자실로 이송되는 사이 보호자는 지친 표정으로 고개를 떨궜다.

'긴 병에 효자 없다'는 말이 실감이 된다. 직업적인 간병인을 제외하고, 보호자로서 간병을 하는 사람들은 하나같이 수면 부족과 운동 부족으로 몸이 정상이 아님을 호소했다. 고관절 골절로 병원에서 10개월을 보내고 있다는 맞은편 할아버지를 돌보는, 할머니의 구부정한 허리가 불편이 이만저만이 아님을 말해주었다. 그런 중에도 아침마다 '잘 주무셨느냐'는 인사를 건네며 혈압과 체온, 혈당 등을 체크하는 젊은 간호사들의 밝고 명랑한 목소리는 황량한 사막에서 발견한 한 줄기 샘물 같은 위로가 되었다.

복도의 중간쯤, 텔레비전이 설치된 데이룸day room에서는 한 무리의 방문객들이 웃음보따리를 펼쳐 다른 사람들의 TV 시청을 방해했다. 처음에는 검지를 입술에 붙여가며 주변을 살피는 듯하더니, 차츰 수위가 높아져 따가운 눈총과 손가락 세례를 받을 때까지 제 세상을 만난 듯 무례를 범하기도 했다.

불이 꺼지지 않는 종합병원 24시. 거듭 생각을 해봐도 신세를 지지 말아야 할 곳이 병원인 것 같다. 하지만 건강관리를 위해 또는 예방 차원에서 적당한 시기에 반드시 찾아야 하는 곳 또한 병원이고 보면, 우리네 인생살이에서 결코 멀리할 수 없는 곳이 바로 병원이 아닌가 한다.

한 달 이상 간병생활을 경험한 보호자로서 희망사항을 말할 수 있다면, 환자를 돌보는 보호자들이 몸을 활짝 펴고 운동을 할 수 있는 공간이 있으면 좋겠다는 것이다. 하루 한두 차례 보호자들을 위한 요가 강습 또는 복도의 한 편에 간단한 운동기구라도 설치해주기를 바라는 것은 어려운 일일까.

* 대구신문 달구벌아침 (2016.8.9.)

좋은 일에도 준비는 철저하게

우연한 기회에 '사랑의 자장면 나눔 봉사'의 수혜자가 되어보았다. 봉사를 하는 것이 마땅한 나이에 봉사를 받게 되다니, 우리끼리 마주보며 어색함이 가득한 웃음을 보냈다.

폭염이 절정에 달했던 날, 40년 지기 친구 다섯 명이 경주에서 만났다. 콘도미니엄 주중 무료숙박권을 가졌기에 얻은 기회였다. 숙소에 들어가기 전에 황성공원에서 잠시 쉬어가기로 했다. 주차장에 차를 세워놓고, 나무그늘 아래 벤치에 앉아 다람쥐 가족이 꼬리를 물고 깜찍하게 뛰어 다니는 모습을 바라보며 즐거운 목소리로 밀린 이야기를 풀어놓고 있던 때였다.

축구장에서는 '전국 유소년 축구대회'가 한창으로 응원의 구호와 함성이 담장을 훌쩍훌쩍 뛰어넘고 있었다. 다른 한쪽에서는 화물차를 이용한 자장면 볶는 냄새가 코를 자극하고, 자원봉사자들이 무대를 설치하고 가요를 부르며 흥을 돋우는 자선단체의 행사가 준비되고 있었다.

하지만, 우리와는 관계가 없는 일이라 여기며 우리들의 이야기에 관심을 집중하고 있던 참이었다. 가까운 곳에서 누군가를 부르는 소리가 몇 번이나 들리는 것 같았다. 설마 했는데, 역시 우리 일행을 부르는 소리였다. 고개를 돌려보니, 빨리 오라는 손짓도 이어졌다. 우리를 부르는 소리가 맞느냐며 의아한 표정으로 반문을 하자, 거기 다른 사람들이 또 있느냐는 우스갯소리가 돌아왔다. 정말 다른 사람들은 보이지 않았다.

무대 설치는 다 됐는데, 손님이 없었던 것이다. 우리는 쭈뼛거리며 무거운 발걸음으로 다가갔다. 무대의 제일 앞쪽 테이블을 좀 채워달라고 했다. 활동적인 친구들은 이왕 이렇게 된 것 손뼉이라도 열심히 쳐주자며 장단을 맞췄다. 첫 번째 가수가 익숙한 가요를 두어 곡조 부르고 내려갔다. 사회자와 유일한 청중인 우리는 주거니 받거니 몇 마디 대화를 나눴다. 각자 두 명씩에게 연락을 하여 자장면을 먹으러 나오도록 부탁을 해달라는 요청에, 우리는 모두 다른 지역에서 왔다며 안타까움을 표시했다. 그렇게 시간을 보내는 사이 한 무리의 게이트볼 게임을 끝낸 어르신들이 몰려오고, 여기저기 자리가 채워지고 있었다.

두 번째 가수가 마이크를 잡고 두 번째 가요를 부르려고 할 때, 주변의 분위기가 어수선해지고 앰프가 꺼졌다. 사회를 하던 여성이 성난 목소리로 무슨 일이냐고 물었다. 유소년 축구대회 중계방송에 차질이 생기고 있다는 민원이 들어왔다는 것이었다. 자원봉사자들은 이 무슨 아닌 밤중에 홍두깨 같은 소리냐며 정상적인 절차를 거쳤음을 항변했다. 그러나 어찌하겠는가. 방송에 차질이 생기고 있다는데. 웅성웅성 소리가 들리고, 행사 관계자들은 흥겨운 노래잔치를 포기하고 자장면 봉사만 하기로 방향을 정했다.

문제는 자장면 배식이 제때 이루어지지 못하는 데 있었다. 미리 준비된 자장 솥에서는 김이 무럭무럭 나고 있었다. 그러나 반죽이 된 재료를 기계에 넣어 면을 뽑아내고, 그 면을 삶아서 물에다 씻고 그릇에 옮겨 담는 과정이 순탄치 못한 것 같았다. 일손은 충분하나 장비가 부족한 것으로 보였다.

기다리는 사람들이 눈을 부라리고 짜증을 내기 시작했다. 말로는 드시고 부족하면 얼마든지 더 드시라며 목청을 높였지만, 한 그릇도 제대로 맛을 보기가 어려운 것을. 기다리기가 지겹다며 일어서는 사람들이 생기고, 순서도 앞뒤가 없어 볼멘소리들이 터져 나왔다. 봉사를 하는 사람들도 힘이 빠지기는 마찬가지였다. 좋은 일을 하러 나왔다가 공연은 무산되고 자장면 배식에도 차질이 생기니, 욕을 듣지 않는 것이 다행이었다.

좋은 뜻과 마음만으로 자원봉사를 할 수 있는 것이 아닌 모양이었다. 일손과 재료와 장비가 적당히 맞아야 되는 것은 물론이거니와 봉사를 받을 대상이 얼마나 되는지를 파악하는 것이 무엇보다 중요한 일이었다. 멍석은 깔아놓았으나 손님이 없다는 것은 얼마나 우스운 노릇인가.

우리는 실망보다는 새로운 추억 하나 만들었다며, 기대 밖의 여행의 출발에 의미를 부여하기로 했다. 아울러 앞으로 자원봉사를 하게 된다면 철저한 준비와 관리가 필요할 것이라는 간접경험과 수요와 공급의 균형에 대해 다시금 생각을 해보는 기회가 되었음에 만족하사며, 자리에서 일어섰다.

주최 측과 우리 일행은 서로 '고맙다'는 인사를 나누며 손을 흔들었다.

* 대구신문 달구벌아침 (2016.9.3)

| 부록 |

내 인생의 열차는

내 인생의 열차는 간이역을 쉬어가는 완행이었다. 늦었지만 늘 가슴은 따뜻했다. 한 단계 한 단계 나아갈 때마다 좋은 사람들을 만났고, 하고 싶었던 일을 즐거운 마음으로 할 수 있었으므로.

▶ 어린 시절 이야기

어린 시절 기억의 대부분은 학창시절의 일이다. 아버지는 무서웠고, 엄마는 따뜻했다. 중학교 때 수학을 잘했고, 아주 조용하고 내성적이었던 내가 시원하고 굵직한 필체로 칠판 글씨를 쓰게 되면서 선생님들과 가까워지는 계기가 되었다.

1956년 늦가을 저녁, 부산의 평범한 가정에서 둘째 딸로 태어났다. 위로는 언니와 오빠, 아래로는 여동생이 있었다. 우리는 두 살, 세 살, 네 살 터울로 태어나 탈 없이 자랐다. 키가 크거나 작고, 콧대가 뾰족하거나 두루뭉술하기도 했다. 살림이 어렵기는 주변이 모두 고만고만한 형편이었으므로, 특별할 것은 없었다.

자라서 생각을 해봐도, 아버지와는 대화라고 해본 기억이 없었던 것이 아쉬움으로 남았다. 세상의 모든 아버지는 다 그런 줄 알았다. 하지만 제일 가까이 지내는 이종사촌들을 보며 무섭지 않은 아버지도 있다는 사실을 알았고, 이모부를 몹시 존경하게 되었다. 반면 엄마는 정이 많았으며, 딸들에게 정말 많은 이야기를 들려주셨다. 명절이 될 때마다 큰 세숫대야에 목욕용품을 챙겨 엄마 손을 잡고 전차를 타고 온천장으로 목욕을 다녔던 기억이 어렴풋이 남아 있다.

소풍 때는 머리를 예쁘게 땋아주셨고, 원피스나 블라우스를 직접 만들어주기도 하셨다. 특히 화초를 좋아하시어, 늘 꽃나무를 가까이했던 것도 내 감성의 불씨를 지펴준 계기가 되었다.

네 남매 가운데 제일 키가 작고 코가 두루뭉술한 탓에 아버지는 늘 나를 다리 밑에서 주워왔다며 놀리곤 하셨다. 내가 다섯 살이 되던 해, 출근하려고 신발을 신으시던 아버지를 따라나서며, "아부지요, 오늘은 우리 엄마한테 데려다 주이소"라는 말을 했다고 한다. 당황하신 아버지는 "오늘은 바빠서 데려다 줄 수가 없다"며 얼버무리셨다고 한다. 그 뒤로는 그런 말을 입 밖에 내지 않으셨다고 하니, 우스운 일이라고 해야 할는지. 엄마는 어린 시절의 그 이야기를 여러 차례 들려주시면서, 내가 유독 키가 크지 못했던 것은 갓난아기 때 젖을 굶아 그렇게 된 것이라며 안타까워하셨다. 고등학교만 졸업하면 반드시 콧대를 세우는 수술을 시켜주겠노라고 약속을 하셨으나, 내가 고등학교를 졸업했을 무렵 우리 집은 가정형편이 녹록치 못하여 콧대를 세워주는 일은 엄두도 내지 못했다.

아버지는 초등학교에 다니는 우리 네 남매에게 매일 글씨 쓰는 숙제를 내셨다. 누렇고 두꺼운 16절지 종이에 양쪽으로 일정하게 바늘구멍을 뚫어놓고 줄도 긋지 않은 채 바르게 글씨를 쓰도록 하는 숙제였다. 땀을 뻘뻘 흘리며 동네 아이들과 뛰어놀다가도 어둑어둑 해가 저물어 아버지가 들어오실 때쯤 되면 우리는 부리나케 집으로 돌아왔다. 그리고는 글씨가 비뚤어질세라 고개를 꼿꼿이 세우고 연신 혓바닥에 검정 연필심을 문질러대곤 했다. 가운뎃손가락에 박힌 고집스런 옹이가 말해주듯 혹독한 글씨 연습을 한 덕분인지 학창시절 내내 시원하고 굵직한 필체 하나는 자랑할 수 있게 되었다.

또 한 가지 잊을 수 없는 것은 초등학교 1학년 때의 일이다. 미술 시간에 연습장에다 그린 바둑이 그림 하나로 담임선생님이 가정방문을 오셨다. 아버지가 건축설계를 하고 계셨는데, 선생님께서는 "아이의 그림 실력이 예사롭지 않으니 그림 공부를 시켰으면 좋겠다."는 말씀을 하셨다. 그러나 단칸방에 할아버지를 포함해 일곱 식구가 사는 형편이었으니 쉬운 일이 아니었다.

선생님은 교실 뒤편에 커다란 백지를 붙여놓고 수업이 끝나면 매일 와서 마음대로 그림을 그리라고 하셨다. 그리고 다른 학부모가 교실을 방문할 때마다 나의 연습장을 들어 보이시며, 우리 반 학생이 이렇게 그림을 잘 그렸다고 자랑을 하셨다. 정말 내가 그렇게 그림을 잘 그렸었는지 기억에는 없지만, '바둑이의 발뒤꿈치까지 정확하게 그렸더라.'고 하셨다. 엄마가 그 말을 전해주던 때의 기분은 흐뭇하기 그지없었다.

초등학교에 다닐 때 공납금을 제때 내지 못해 교실에서 쫓겨난 기억이 있지만, 누구나 한두 번쯤은 그랬을 것이다. 4학년 이후 칠판 글씨를 쓰기 시작했고, 산수 실력이 뛰어나 칭찬을 자주 들었던 기억만이 진하게 남아 있다. 중학생 때 친교 관계가 아주 좋았으며, 국어와 수학을 잘했고 사회 시간에는 칠판 글씨를 대신 쓰기도 하였다. 그로 해서 내성적인 성격에도 불구하고 선생님들과 가까워지는 계기가 되었다. 고등학교를 실업계로 가게 되었으나 불만은 없었다. 당시만 해도 내가 다닌 부산진여상은 최고의 실력을 인정받는 학교였으며, 경쟁률 또한 쟁쟁했다.

여고시절 주산과 펜글씨 시간이 참 좋았다. 주판을 만져보기는 처음이었다. 그러나 엄지와 검지 두 손가락으로 올리고 내리는 것이 계산기보다 빨리 셈을 할 수 있다는 사실이 신기했다. 연습 문제지에는 연필로 한 번, 검정 볼펜으로 한 번, 빨간 볼펜으로 또 한 번 연습할 정도로 열성을 보였고, 3학년 때는 특기생을 제외하고는 아무도 따지 못했던 3단이라는 자격을 취득하였다. 한 문세당 15줄의 수를 디하는데 다른 친구들은 1줄 또는 2줄씩 셈을 했지만, 나는 3줄씩 셈을 하는 20진법을 사용했다. 40여 년이 지난 지금도 여고 동창들을 만나면 당시의 내가 고개를 숙이고 주판알을 튕기던 모습을 재연하고는 크게 웃기도 한다.

▶ 열아홉 젊은 시절

지금의 나를 있게 한 힘의 9할은 인내와 끈기였다. 정상적인 경로를 벗어난 굴곡진 학업과 곡절 많은 직장. 서른다섯 막차로 출발한 늦은 공직에 만혼과 노산으로 이어진 완행열차. 학업과 직장생활에 충실했다고 자부한다. 왜소한 체구에도 운동이나 등산을 즐겼으며, 건강 상태는 양호했다.

열아홉 살 나던 해의 여름, 여고 3학년 1학기 기말고사를 치르고 학급에서 빠른 순서로 취업전선에 나서게 되었다. 일자리는 타월 업계의 선두주자 송월타올이었다. 처음으로 직장생활을 하면서 주산과 부기 실력에 좋은 필체까지 갖춰 상사의 인정을 받았던 것은 매우 기분 좋은 일이었다. 그러나 직장생활 2년 반쯤 되었을 때, 진학에 대한 욕구로 불타는 가슴을 잠재우지 못하고 직장을 그만두게 되었다.

주경야독의 생활이 시작되었다. 낮에는 초등학생

들에게 산수와 한자 등을 가르쳤고, 야간에는 전문대학을 다니며 식품가공에 대한 공부를 했다. 뒤늦게 시작한 공부로 의욕이 불탔던 덕분인지 성적은 우수했다. 전공 학과의 대다수를 차지한 남학생들과의 경쟁에서 이겨보기는 처음이 아니었나 싶다. 남학생들과도 부담 없이 지내며 탁구를 즐기기도 하고, 담배 연기 자욱한 커피숍에서 시험공부를 하기도 했다. 등록금보다 많은 액수의 장학금을 받았을 때, '꼭 진학을 해야 되겠느냐'고 만류하시던 엄마가 크게 기뻐하셨다. 졸업식장에서는 목에 금빛 찬란한 메달을 걸고 제일 앞줄에 서 있었다. 식품제조가공기사와 공해관리기사 자격을 땄고, 취업을 할 수도 있었지만 공무원이 되고 싶다는 생각으로 교수님의 취업 알선을 정중히 거절했다.

일정시간이 지나도록 공부만 할 수는 없어, 다시 직장생활을 하게 되었지만 길게 이어지지는 못했다. 일정한 수입이 없이 의기소침해 있을 무렵 형부의 도움으로 잠시나마 초상화를 배우기도 했다. 한국방송통신대학 행정학과 3학년에 편입하고, 나름대로 열심히 공부를 해보았지만 공무원은 나와는 인연이 없는 듯 실패를 거듭했다.

20대 후반 친구들은 하나둘 결혼을 하고, 아이를 낳으며 주부로 돌아갔고, 친하게 지내던 남자들도 가정을 이루며 나와는 거리가 멀어질 수밖에 없었다. 주변에 결혼을 하지 않은 친구가 단 한 명 있기는 하였으나 소극적인 성격에다 나의 실직 상태로 자주 만날 기회를 갖지 못했다.

스물아홉 나던 겨울, 서울에서 살고 있던 형부의 주선으로 다시 직장생활을 하며 더부살이를 시작했다. 김포에 소재한 자동차부품업체의 경리 부서였다. 그러나 오래가지 않아 업체의 부도와 인수업체로의 이동이 있었고, 같이 근무하던 상사의 소개로 서른이 넘어 서울의 한복판인 소공동으로 직장을 옮기게 되었다. 국제포리마(주)라는 무역대리점이었다. 업종의 특성상 외국의 바이어들과 통화를 하는 일도 있었으며, 은행이나 세무서 등을 출입하는 일이 많았다.

서울은 나에게 매우 유익하고 의미 있는 도시였다. 근무시간에는 일일영어학습지를 받으며 회화공부를 했고, 은행 일을 볼 때는 운전면허 시험용 문제집을 들고 다니며 대기시간을 소화했다. 남다른 주산 실력으로 세무서의 할 일을 도와주며 기업이 제일 두려워하는 관공서와의 유대관계를 이어갔다. 주말이 되면 책 한 권 옆구리에 끼고 가벼운 외출을 즐겼다. 안내양이 있는 공항버스를 타고 편안하게 독서삼매에 빠지기도 했고, 세종문화회관 계단에 앉아 사람구경을 하거나 광화문의 특급호텔 로비에서 잔잔한 음악을 듣기도 했다. 소공동의 소공연장을 찾아 연극을 보기도 하고, 덕수궁 돌담길을 걸어보기도 했다.

88서울올림픽 때는 경기를 관람하기 위해 서울, 인천, 수원 능지로 바쁘게 쫒아나녔던 기억도 남아있다. 왜소한 체구에도 불구하고 운동이나 등산을 즐겼으며, 건강 상태는 양호한 편이었다. 학창시절부터 직장생활에 이르기까지 몸이 아파 결석이나 결근을 한 적은 손가락으로 꼽을 정도였으니, 자랑스러운 일이 아닐 수 없다.

1987년 경희대학교 행정대학원에 입학했다. 야간에 수업하는 전문대학원이었다. 전문대학 때 취득했던 공해관리기사와 방송통신대학에서 공부했던 행정학을 접목한 '환경행정' 전공이 그 학교에만 있었기 때문이다. 6개월을 저축하여 한 학기 등록금으로 통장의 바닥이 드러나고는 했지만, 그보다 좋을 수가 없었다. 졸업을 한 해 앞두고 직장에 사표를 낸 것은, 표면적으로는 논문을 쓴다는 이유였지만 속내는 승진을 시켜주지 않음에 대한 항거의 표시였다. 당시만 해도 여성이 과장이 되는데 반대를 하는 임원이 있을 만큼 남녀 차별이 매우 심할 때였다. 결론적으로 10년 가까운 경리 생활에 종지부를 찍게 된 것이었다.

1990년 2월 행정학석사 학위를 받았다. 그리고 환경법 분야의 선구자이셨던 작고하신 구연창 지도교수님의 추천으로 환경부의 환경직 공무원 9급 특별채용시험에 합격되었다. 더불어 언니의 시어머니와 같은 방에서 생활했던 서울에서의 더부살이도 6년 만에 끝이 났다. 엄마처럼 따뜻했던 언니의 시어머니와 헤어지던 이별의 슬픔에 눈이 빨개지도록 어깨를 들썩이며 울었다.

▶ 공직생활을 하면서

26년 10개월이라는 짧으면서도 긴 공직생활을 통해 어찌 좋은 일만 있었을까. 하지만 구석구석 남아 있던 괴롭고 힘든 기억은 비누 거품처럼 쉽게 사라져버리고, 즐겁고 기뻤던 일만 기억의 창고에 고스란히 남아 있다. 공직생활이야말로 나의 인생에 가장 황금 같은 시기가 아니었던가 생각한다.

1990년 3월, 꿈에도 그리던 공무원으로 임용되었다. 부산시 북구 덕천동 골목 끝에 자리 잡은 부산지방환경청이었다. 나와는 영영 인연이 없을 줄 알았던 공무원이 되었으니, 출근하는 발걸음이 얼마나 가벼웠을까. 출근을 해보니 처음에는 늦은 나이와 높은 학력, 낮은 직급에 대한 선입견으로 어색해하는 동료들이 많았다. 하지만 조용하고 차분한 성격으로 맡은 일을 하다 보니 '언니'라는 이름으로 남녀 직원 모두 편하게 대해주었으며, 업무외적인 자리에도 참석하는 등 동료들과 쉽게 어울렸다.

볼링이 한창 붐을 일으켰던 때였다. 이미 동호회 활동을 하고 있던 직장 후배로부터 볼링의 기본부터 배워가면서 동호회 활동에 매우 적극적으로 참여했다. 연중행사였던 전국 환경관서 볼링대회에서도 우승을 거듭하는 등 두각을 나타내면서 다른 기관의 직원들과도 교류하게 되었다.

서른아홉 가을에 이종사촌 여동생의 소개로 한 살 연하의 남편을 만났다. 대구에서 직장생활을 하고 있으며, 사보 기자로 활동하고 있다는 말에 솔깃했다. 작가 지망생으로 글을 쓰고 있었으며, 두어 달 만나는 동안 수기공모전에 당선이 되어 시상식에 참여하기도 했다. 그 뒤로도 글을 쓰기는 했으나, 근로문화제 대상을 한 번 받은 다음 점점 나태해지며 사보 기자 활동을 중단하고 결국 등단을 하지 못한 채 글을 쓰지 않고 있다.

1995년 1월, 결혼과 함께 대구지방환경청으로 전보 발령을 받았다. 볼링 실력은 대구에서도 인정받아 어색한 직장생활에 활력을 더해 주었다. 다음해 마흔한 살 노산으로 아들을 낳았고, 고맙게도 가까이 살던 손아래 시누이가 아이를 키워주었다. 아들 녀석은 시누이의 막내아들 노릇을 톡톡히 하며, 고모를 엄마라 부르면서 아들같이 따르고 무럭무럭 성장했다. 어린 아들을 고모의 손에 맡긴 것이 내내 미안하고, 티 없이 잘 자라준 것을 매우 고맙게 여긴다.

부산에서 근무했던 5년간 측정과 분석 업무를 주로 했다. 대기오염의 정도를 측정하고, 수질오염을 분석하는 일이었다. 한 번도 경험하지 못했던 시험분석 업무를 주변의 동료들에게 배워가면서 차근차근 익혔다. 대구에서도 측정·분석으로 출발하여, 인·허가 업무와 지도점검 업무, 유해물질 관리 및 화학테러, 방지시설업 등록, 수질오염 총량관리 업무와 낙동강 수변구역 토지매수 현장 확인 업무 등을 두루 거쳤다. 7급 공무원으로 유관기관에서 화학테러 관련 강의와 유독물 관리자 교육을 하는 등 새로운 경험을 맛보았으며, '2003 하계유니버시아드 성공적 개최' 유공으로 국무총리 표창을 받기도 했다.

기억에 남을 만한 특별한 일도 있다. 2003년도 화학물질유통량 조사를 하던 때의 일이었다. 3년마다 한 번씩 기업에서 사용하는 모든 화학물질의 생산, 판매, 사용 등에 대한 조사를 하는 것인데, 지금은 사용하지 않는 디스켓이라는 저장장치로 제출하게 되어 있었다. 그러나 소규모 기업을 경영하는 사람들이 컴퓨터에 능숙하지 못한 상태였으므로, 자료만 가지고 오면 우리가 대신 작업을 해준다는 문서를 보냈다. 오후 5시경 방문한 민원인은 반야월에서 왔다고 하셨다. 작업하는 동안 앉아서 드시라며 작은 음료수를 드렸다. 50대 후반의 민원인은 음료수 병을 만지작거리면서도 드시지 않았다. 작업이 끝나고, 다시 한 번 음료수를 드시라고 권했다. 그런데 민원인께서 자리에서 일어서며 '공무원에게 음료수 얻어먹는 일은 유사 이래 처음 있는 일'이라며, 기념으로 가져가겠다는 것이었다. 10여 년 전 내가 민원인으로서 관공서 출입을 몹시 두려워했던 일이 주마등처럼 스쳐 지나갔다. 그 당시는 수천 개 기업을 혼자서 담당하여 온종일 민원전화를 받느라 퇴근 무렵이 되면 목이 잠기곤 했다.

2005년에 포항환경출장소로 발령이 났다. 출퇴근을 위해 타고 다니던 경차를 과감하게 중형 레저용(RV) 차량으로 바꿨다. 그런데 아들을 키워주는 시누이가 '출퇴근은 피곤하고 위험하니, 주말에만 오는 것으로 해도 되지 않겠느냐'는 말을 해주었던 것이 얼마나 큰 힘이 되었는지 모른다. 포항에서는 저녁시간을 이용해 운동과 글쓰기를 열심히 했다. 2006년 출장소에서 본청인 내구로 복귀하자마자 다시 경남 창원에 있는 낙동강유역환경청으로 발령이 났다. 조직사회에서의 어쩔 수 없는 전보 순서가 있었기 때문인데, 공교롭게도 청 내의 부서 이동과 다른 청으로의 전보 시기가 맞물려 그렇게 된 것이었다. 역시

아들은 시누이에게 맡기고, 창원의 원룸에서 텔레비전 없는 실험적 생활을 하면서 더 많은 운동과 글쓰기에 힘을 쏟았다.

창원에서 근무하는 동안 첫 해외연수를 경험하는 기회도 얻었다. 7박 9일 일정으로 하수처리장 등 환경기초시설 관련 선진지 견학을 위해 프랑스, 독일, 벨기에, 네덜란드 등 서유럽으로 향했다. 출장보고서를 작성하는 임무를 띠고 동행을 했으므로 자료 수집을 위해 한눈 팔 여가도 없이 종횡무진 뛰고 또 뛰어야 했다. 연수 기간 중 잠시 짬을 내어 프랑스에 사는 여동생과 조카들을 만나 파리의 샹젤리제 거리를 걸었을 때, 들뜬 마음에 길 위를 걷는 발이 사뿐사뿐 떠다니는 기분이었다. 해외연수에서 돌아오고 며칠 지나지 않은 2007년 12월 대구지방환경청으로 발령이 났고, 환경평가과에 근무하게 되었다. 약속대로 해외연수 출장보고서를 한 달여에 걸쳐 힘들게 작성했다.

2008년 5월 기획팀장으로 자리를 옮겼다. 환경직

으로서는 처음으로 기획업무를 맡게 되면서, 부담도 컸지만 뿌듯함이 더 컸다. 글을 잘 쓸 수 있다는 것이 큰 장점으로 작용했다. '저탄소 녹색성장'과 '4대강 살리기 사업'이 정부의 주요정책으로 떠오르면서 많은 행사를 주관하고, 기고문과 축사와 인사말 등을 쓰게 되었다. 하루가 멀다 하고 기관장 수행을 하고, 시·도민을 대상으로 캠페인을 비롯하여 다양한 홍보 활동을 했다. 언론과의 생방송 인터뷰도 여러 차례였으며, 일간지의 칼럼도 쓰게 되었다. 일과 취미, 취미와 일이 경계를 넘나들며 둘이 하나가 되었다고 할까.

2010년에는 저탄소 녹색성장과 관련한 자료 수집 등을 위해 경북의제21 위원 자격으로 일본연수에 참여했다. 4박 5일 일정으로 교토, 기타규슈, 후쿠오카 등의 관공서 방문과 친환경시설 견학 등이 대부분이었으며, 자유시간이라고는 마지막 날 오후 교토 네거리에서 참가자들의 간곡한 요청으로 딱 한 시간이 주어졌다. 버스에서 내리자마자 약속이라도 한 듯 가장 가까운 백화점으로 갔다. 일본어를 전혀 할 줄 모르는 초보자가 가이드에게 배운 서너 마디의 말과 몸짓으로 마음에 드는 코트를 사고, 흥분에 찬 기분으로 「용감한 초짜」라는 수필을 썼던 것은 그 옷을 입을 때마다 떠올리는 즐거움이 되었다.

홍보활동이 조용한 나의 성격에 적합한 업무가 되리라고는 전혀 생각지 못했다. 그런데, 절묘하게 나의 적성과 맞아 떨어졌다. 행사 진행이 그렇게 재미있으리라고 생각이나 했던가. 업무를 위해 책상에 앉아 칼럼을 쓸 때의 기분은 마음속 날개를 활짝 펴고 춤을 추는 것 같았다는 표현이 맞을 것이었다. 그러나 매주 돌아오는 마감일을 맞추지 못해 칼럼을 쓰는 것은 오랫동안 이어지지 못했다. 공직생활 중 가장 바쁘면서도 보람이 있었던 때를 꼽으라고 한다면, 단연 홍보활동을 했던 그 시절을 꼽을 것이라고 생각한다. 그렇게 신명나게 일을 할 수 있었던 것은 모시는 기관장과의 코드가 맞았기에 가능한 일이었다.

2011년 홍보업무를 벗어나 인사업무와 환경관리

등 다른 일을 하면서도 언론 기고는 계속했다. 2012년에 '주요정책 추진' 유공으로 대통령 표창을 받았다. 추석 연휴 직전 온 나라를 떠들썩하게 했던 '구미 휴브글로벌 불산누출 사고'와 관련한 사후조치를 담당하는 부서의 직원으로서 밤을 새우기도 여러 번이었으며, 주말도 반납하고 눈을 붉힌 것은 쉽게 잊을 수 없는 일 중 하나였다.

2014년에 다시 홍보팀장으로 돌아갔다. 역시 많은 사람을 만났고, 다양한 캠페인과 행사를 주관했으며, 많은 글을 쓸 수 있어서 좋았다. 공직생활의 마지막을 홍보업무와 함께하고 싶다던 몇 년 전의 바람을 지킬 수 있어 더욱 좋았다. 무엇보다 홍보 활동을 하면서 소중한 인연을 많이 만났던 것이 큰 자산으로 남았다. 기업과 민간단체, 문인, 교사, 기자, 예술인 등 5~6년이 지난 지금도 업무를 벗어나 꾸준히 연락을 주고받으며 교류를 하고 있다.

▶ 다양한 취미 활동

직장생활을 하는 가운데서도 끊임없이 새로움에 도전했다. 꾸준한 글쓰기로 등단을 하고, 칼럼을 쓰게 되리라고 상상이나 했을까. 또한 환경노래 작사를 하게 되리라고는 꿈도 꾸지 못했던 일이다. 달콤한 커피를 즐겨 마시던 내가, 어찌 바리스타가 되어 주변의 동료들에게 핸드드립 커피를 내려줄 생각을 했을까. 마음 맞는 친구들과 연1회 해외여행을 하고, 연 2회 정도는 제주올레 길을 걷고 있다.

2000년 들어 처음 글을 쓰기 시작했다. 「화목의 종」이라는 글이 공무원연금지에 실리게 되었을 때, '참 잘 썼다'는 기관장의 칭찬 한마디가 더욱 열심히 글을 쓰게 하는 힘이었던 것 같다. 각종 공모전에 참여하면서 입상도 하고 낙선도 하는 등 꾸준한 습작을 손에서 놓지 않았다.

2004년 청장의 요청으로 자동차 매연을 소재로 한 「자동차는 방귀쟁이」라는 환경노래 작사를 하게 되었다. 대구시민회관에서 있었던 전국 환경노래 경연

대회에서 내가 작사한 노래를 학생팀과 일반팀이 나뉘어 춤을 곁들여가며 합창을 하는 현장에 있었을 때, 온몸으로 스며드는 소름의 무게는 말로 표현할 수 없었다. 당시 장거리 출장이 많은 업무로 연일 정신이 없었지만, 업무 밖의 즐거움으로 피곤한 줄도 모르고 시간이 절로 달아났다.

2005년에 포항환경출장소로 발령이 나고 뜻하지 않은 주말가족 생활을 하게 되면서, 퇴근 후에는 운동과 글쓰기에 매진했다. 시간이 많았던 덕분이었다. 다음해 경남 창원에 소재한 낙동강유역환경청으로 발령이 났고, 역시 운동과 글쓰기에 힘을 쏟게 되었다. 그때 썼던 글로 2007년 '제5회 설중매문학 신춘문예' 수필부문에 당선되었다. 그리고 12월초 대구지방환경청으로 복귀했고, '신춘문예보다 문학지로 등단하는 것이 낫지 않겠느냐'는 시인인 형부의 권유로 서울에서 주로 활동하는 계간지 ≪시와산문≫의 추천을 받아 수필가로 등단했다.

2012년 9월의 일이다. 지난 10여 년간 썼던 수필

56편을 모아 첫 에세이집 『즐거운 농락』(시와산문사)을 출간했다. 첫 출간이었던 만큼 가슴이 부풀었다. 그러나 추석 직전 '구미 휴브글로벌 불산누출 사고' 사후조치를 담당하는 부서의 직원이었기에 큰 기쁨을 누리지 못한 점이 안타까웠다. 2015년 3월에 5년간 언론에 발표했던 칼럼 50편을 모아 칼럼집 『행복도 즐기기 나름』(북랜드)을 출간했다. 작고 예쁜 디자인으로 받는 사람들에게 행복을 선사했다. 글쓰기를 맹수보다 두려워하는 직장 후배들에게 나름대로 터득한 노하우를 전수하고자, '창작카페'라는 이름의 인터넷카페를 개설하였으나 호응이 적어 카페 문을 닫게 된 것은 아쉬움으로 남는다.

2014년 가을의 일이다. '2014 생태관광 체험수기 & 사진 공모전' 포스터를 보는 순간 상금에 눈이 멀었다고 할까. 주중의 하루 휴가를 내고, 스토리텔링의 소재를 찾아 제주로 가는 비행기를 탔다. 생태관광 대상지로 선정된 '선흘 곶자왈 동백동산 습지'를 방문하기 위해서였다. 저가항공사의 첫 비행기와 마지막 비행기를 이용하면, 당일 여행도 충분하다는 것을 그때 알았다. 습지를 돌아보는 데는 긴 시간이 걸리지 않았다. 걸어보고, 사진을 찍고, 스토리텔링에 쓰일 만한 자료들을 수집했다. '11포인트, A4 용지 10매'라는 적지 않은 분량의 수기를 쓰면서 마지막 한 가지가 부족하다는 사실을 알았으나, 확인을 위해 다시 다녀올 여유를 갖지 못한 채 아쉬운 마음으로 원고를 제출했다. 역시 대상은 되지 못하고, 최우수상에 선정이 됐다. 상금 200만원은 칼럼집 출간비용에 보태기로 작정을 했기에, 주변에서는 '한 턱 내라'는 우스갯말도 꺼내지 못했다. 너무 했었나? 싶다.

내 창작의 마당에서 커피와 여행을 빼놓을 수 없다. 커피는 머리를 맑게 하는 청량제로 으뜸이며, '여행을 실 위의 학교'라고 할 만큼 여행길에는 다양한 경험과 배울 것이 많다. 2010년 이후 여고 동창들과 매년 해외여행을 떠나기로 했다. 일본, 몽골과 러시아, 중국 실크로드, 하와이 등을 다녔다. 쏟아지는 별빛에 탄성을 울리며 게르에서 잠을 자고, 테를지국립

공원 드넓은 평원에서 말을 탔다. 시베리아 횡단열차 좁은 객실에서 시를 읊으며 하룻밤을 보내고, 바이칼 호수 주변을 돌며 배를 움켜쥐고 웃었다. 실크로드 모래언덕을 맨발로 오르며, 낙타를 타기도 했다. 하와이 상공을 돌며 헬기투어를 했을 때, 기장 옆에 앉아서 많은 질문을 하지 못했음에 아쉬움이 컸다.

국내에서는 주로 걷기를 좋아한다. 특히 제주올레를 무척 좋아한다. 제주올레는 총 425㎞, 26개 코스로 제주의 바다와 산과 논과 밭과 마을을 넘나들며 사람 사는 정을 느낄 수 있다. 대중교통으로 접근할 수 있으며, 혼자서도 제주올레의 표식만 따라가면 실수를 하지 않는다. 여중 시절부터 커피를 사랑하던 내가 2013년에는 직장 근처 문화센터에서 커피 바리스타 과정을 배우며, 핸드드립 바리스타 자격을 취득했다. 그리고 매일 신선한 원두를 사서 주변의 직원들과 나를 찾는 방문객에게 향기로운 커피와 여유를 선물했던 것은, 오래도록 기억에 남을 일로 여겨진다.

인생, 육십부터라고 했던가. 올해는 공직을 마감하는 해로, 공로연수 기간을 가지며 부족했던 분야의 보충을 위해 또는 새로운 발돋움을 위해 시간을 보내고 있음에 뿌듯함을 느낀다. 생각보다 훨씬 많은 일에 참여하고 있다. 학생처럼 요일별 시간표를 정해놓고, 악기와 그림을 배우고, 팝송을 통한 재미있는 영어를 배운다. 평생교육원을 다니며, 노인 심리상담사 1급 자격을 취득했다. 7월부터 10월까지 대구일보 아침논단 칼럼을 쓰면서 글감을 제때 찾지 못해 애를 태우기도 했고, 8월부터 11월까지 어르신 자서전 글쓰기 프로젝트에 참여하여 의미 있는 특강과 글쓰기에 대한 심도 있는 강의를 들었다. 그 외에도 동양고전연구회, 그림사랑회 등 모임에서도 강의를 듣고 있다.

▶ 지난 삶을 되돌아보며

돌이켜보니, 참 즐겁고 행복한 시간이었다. 한 가지 아쉬운 점이 있다면, 우연히 만난 당뇨라는 불청객이다. 하지만 이왕에 만났으니 '네 탓 내 탓' 가리지 말고 함께 걸어갈 길동무로 사귀어 볼 수밖에.

일어서고 또 일어섰다. 무언가 새로운 시도를 할 때마다 딱히 마지막 정점을 목표로 정해둔 것은 아니었다. 하고 싶은 것을 즐거운 마음으로 하다 보니, 하나둘 열매를 맺게 된 것이었다. 내가 이렇게 했으니, 다른 사람들도 이렇게 해보라고 강요하고 싶은 생각은 없다. 그러나 무슨 일이든지 꾸준히 하다 보면 기대 이상의 성취감을 맛볼 수 있다는 것은 자신 있게 말할 수 있다.

무엇보다 삶에 윤기를 더해 준 것은 직장생활을 하는 중에도 짬짬이 글을 썼던 것이 아닐까 싶다. 주변의 격려와 도움도 많았다. 처음 글을 쓰기 시작했을 때 '참 잘 썼다'며 칭찬을 아끼지 않으셨던 손희만 전 대구지방환경청장과 글의 소재가 되어주셨던 분들께도 감사의 말씀을 드려야겠다. 또한 해외여행과 제주올레 걷기 행사에 참여하며 여행을 통해 시야를 넓힐 수 있도록 발걸음 함께해준 친구들에게도 고맙게 생각한다. 군사우편을 주고받으며 '마르지 않는 샘처럼 솟아나는 문재'라는 표현으로 글재주를 칭찬해준 그림 그리는 오빠, 20대 후반 직장을 잃고 의기소침해 있을 때 초상화를 그릴 수 있도록 지원해준 정서적 스승이신 시를 쓰는 형부께 감사의 마음을 전하고 싶다. 참을성과 끈기를 물려주신 부모님 그리고 관심과 사랑을 아끼지 않은 언니, 오빠, 동생에게는 더 말할 나위도 없다.

한 가지 아쉬운 점이 있다면, 10여 년 전에 우연히 만난 당뇨라는 불청객을 들지 않을 수 없다. 2014년 말, 바쁘다는 핑계로 4년 만에 건강검진을 받게 된 결과 재검사 통보가 날아왔다. 공복 혈당이 기준치를 초과했다는 것이었다. 잘못된 것이려니, 고개를 갸웃거리며 자신 있게 2차 검사를 받게 됐는데 역시 혈당이 높게 나왔다.

설마, 나에게 그런 일이라니! 받아들이고 싶지 않았다. 평소 운동을 게을리 하지 않았고, 비만과도 거리가 멀었으며, 식습관 또한 규칙적인데다 어릴 적부터 기름지거나 단 음식을 좋아하지 않는 편이었다. 그러나 어찌하랴, 사실이 그렇다는데. 겉으로는 밀어내면서도 속내는 받아들이고 있었던 것이 틀림없었다. 한약을 먹고, 더욱 열심히 운동을 했으며, 반지르르 윤기가 흐르는 하얀 쌀밥을 좋아하다가 푸석하고 거무튀튀한 잡곡밥으로 대체를 하는 등 이로운 것은 가까이 하고, 해롭다는 것은 더욱 멀리하게 되었다.

처음에는 의사 선생에게 억울함을 하소연하기도 했다. 어찌 나에게 이런 병이 생길 수 있느냐고. 그러나 의사 선생께서는 가족력이나 스트레스 등 자신의 잘못이 아닌 경우가 있을 수도 있으니, 너무 상심하지 말고 관리를 잘하면 아무 문제없이 평생을 함께할 수 있을 것이라며 격려의 말을 해주었다.

아이러니하게도 당뇨를 피하지 않고 함께 생활해 나가야 할 친구로 받아들이기 시작하면서 썼던 글 「즐거운 농락」이 '제5회 설중매문학 신춘문예'에 당선이 되어 내가 수필가로 등단하는 계기가 되었다. 그 뒤에도 당뇨와 관련한 두 편의 글을 더 쓰게 되어 계간지 문장(2015년 봄호, 「고장 난 인슐린」)과 함께하는 건강이야기(2015년 여름호, 「이왕에 만났으니」) 책자에 실리게 되었으니, 아무리 소소한 일이라도 글의 소재가 될 수 있다는 사실을 실감했다.

다행인 것은 당뇨를 만난 지 10여 년이 지난 지금까지도 혈당을 제외한 시력이나 혈압, 콜레스테롤 등은 정상이어서 대사증후군에는 해당되지 않았다는 것이다. 그리고 당뇨 관리에 신경을 쓰면서 신체로부터 들려오는 작은 신호에도 민감한 반응으로 병원을 찾게 되는 기회가 되었다는 것이다. '돈을 잃으면 조금 잃는 것이고, 명예를 잃으면 많이 잃는 것이며, 건강을 잃으면 전부를 잃는 것'이라는 말이 있다. 건강하지 못하면, 많은 것으로부터 멀어질 수밖에 없다. 이왕에 만났으니 '네 탓 내 탓'하지 말고 함께 걸어갈 길동무로 더욱 잘 사귀어 볼 일이다.

나의 완행열차는 지금도 새로운 경험을 기다리며 떠날 준비를 하고 있다. 친구를 좋아하고, 글쓰기와 여행을 좋아하고, 볼링과 커피를 무척 좋아한다. 다만, 빠듯하게 짜인 직장생활이나 다른 활동을 핑계로 가족과의 화목하고 즐거운 생활을 하지 못한 것은 매우 미안하고 앞으로 풀어가야 할 숙제로 남겨 놓아야겠다.

새처럼 자유롭게 하늘처럼 높게, 나의 카카오톡 배경화면에 써놓은 글이다. 자유로운 영혼을 찾아, 앞으로 내가 가고 싶은 길이라고 할까?